La Torche Consumante
Ou
Torche Brûlante Numéro 15

Révérend Renaut Pierre-Louis

Pour toutes informations et pour vos commandes, adressez-vous à

Peniel Haitian Baptist Church
P.O. Box 100323
Fort Lauderdale, FL 33310
Phone : 954- 525-2413
Cell : 954- 242-8271
Website : www.theburningtorch.net
Website : www.peniel baptist.org
e-mail : renaut@theburningtorch.net
e-mail : renaut_cyrille@hotmail.com

Copyright © 2017 by Renaut Pierre-Louis
Tous droits réservés @ Rev.Renaut Pierre-Louis
Attention : Il est illégal de reproduire ce livre, en tout ou en partie, sous quelque forme ou par quelque procédé que ce soit, électronique, mécanique, photographique, sonore, magnétique ou autre, sans avoir obtenu au préalable, l'autorisation écrite de l'auteur.

Les ouvrages dans les trois langues, anglaise, française et créole sont aussi disponibles aux adresses suivantes:

Renaut Pierre-Louis
720 SW 4th Ave   Fort Lauderdale, FL 33315
Or :
P.O. Box 100323   Fort Lauderdale, FL 33310
Phones : 954-242-8271   754-281-0302

Michel Joseph
191-21 118 Rd. St. Albans, N.Y. 11412
Phones: 917-853-6481   718-949-0015

Rev. Julio Brutus
P.O. Box 7612   Winter Haven, FL 33883
Phones: 863-299- 3314   863- 651-2724

Rev. Edouard Georcinvil
725 NE 179th Terr N. Miami Beach FL 33162
Phones: 305-493-2125   305-763-1087

Iliana Dieujuste
2432 Indian Bluff Dr.
Dacula , GA 30019
Phones : 954- 773- 6572   954-297-4656

La Torche Brûlante 15-Série 1

Mort pour les péchés non pour les excuses (suite)

Avant-propos

Nous saluons, avec un ouf de satisfaction, l'arrivée de cette troisième série sur l'Evangélisation. Elle atteste, d'une part, l'autorité du Saint-Esprit pour déloger les pécheurs de leur incrédulité et d'autre part, pour dénoncer les manœuvres de destruction du malin.

Que nul enfant de Dieu n'hésite à présenter le message aux perdus, car s'ils ratent le ciel, ils ne pourront rater l'enfer.

Pasteur Renaut Pierre-Louis

Leçon 1
Les propres justes

Textes pour la préparation: Ecclesiaste.7 :20; Lu.9: 23; Jean. 14 :6; Romain.3: 10-26; Ephesien.2 :3 ; Hébreux. 4 :14 ; Jacques. 2 :10
Verset à lire en classe : Ro.3:9-23
Verset à mémoriser: Il n'y a point de juste, pas même un seul. Romains.3:10
Méthodes: Discours, comparaisons, questions
But: Montrer que notre propre justice est incapable de nous sauver.

Introduction
Rien n'est plus facile pour l'avocat professionnel que de défendre un coupable ; mais pour plaider en faveur d'un innocent, il est à court d'argument. Ecoutons un innocent :

I. *Je suis innocent, je n'ai jamais fait de mal à personne.*
L'Evangéliste objectera par cette question:
1. Etes-vous né d'Adam et d'Eve? Si oui, vous êtes un pécheur **par nature** et comme tel, vous êtes privé de la gloire de Dieu.
Romain 3 : 23 ; Ephésiens. 2 :3
   a. Il n'y a sur la terre point d'homme juste qui fasse le bien et qui ne pèche jamais. Ecclésiaste. 7 :20
   b. Tous sont égarés et pervertis. Romains 3 :11

2. Et maintenant, retenez ceci :
   a. Jésus ne vous invite pas à choisir entre le bien et le mal, mais à renoncer à vous-même, à porter votre croix et à le suivre. Lu. 9 :23
   b. Il a renoncé à sa gloire dans le ciel pour venir vous sauver. Il a droit de poser les conditions pour le salut qu'il vous offre. Hébreux.4 :14
   c. Par conséquent, il est inutile de rechercher la justification par l'innocence, la religion, le tempérament, les traditions et les bonnes œuvres. Nul ne vient au Père que par lui.» Jean 14 :6

II. Ce « prévenu » peut continuer ainsi: «*Dieu ne demande pas de sacrifice. Il me suffira d'observer l'un des dix commandements, pour obtenir le ciel*».

L'Evangéliste pourra l'inviter à lire cette déclaration de l'apôtre Jacques :
« Car quiconque observe toute la loi, mais pèche contre un seul commandement devient coupable de tous.» Jacques. 2 :10

Conclusion

Mon ami, votre salut est un cas d'urgence. Dépêchez-vous pour accepter Jésus-Christ comme votre Seigneur et Sauveur.

Questions

1. Pourquoi dit-on qu'il est difficile de plaider en faveur d'un innocent ? On peut être à court d'argument.

2. Comment convaincre de péché un innocent?
   a. Lui démontrer par la Bible que tous les fils d'Adam sont pécheurs par nature.
   b. Il est privé de la gloire de Dieu.
   c. Sa propre justice ne peut le sauver.
   d. Jésus a quitté le ciel pour venir le sauver.
   e. Il doit nécessairement accepter Jésus comme son Seigneur et Sauveur.

3. Choisissez la bonne réponse :
Nous sommes sauvés
   __ Par les dix commandements.
   __ Par notre tempérament
   __ Par notre religion
   __ En faisant tout ce qui est bien
   __ Par Grâce, par le moyen de la foi.

Leçon 2
Excuses des gnostiques

Textes pour la préparation: Mathieu. 5 :3 ; 19:3; 22:15-18; Jean.1:10-14; 12: 42-43; Romains.3:4; 1Corinthiens.1 :1-27 ; Ephésien.4:18-19; 2Timothée. 3:16; 2Pierre.1: 19-21
Verset à lire en classe : 2Pi.1 :19-21
Verset de mémoire : Toute Ecriture est inspirée de Dieu, et utile pour enseigner, pour convaincre, pour corriger, pour instruire dans la justice. 2Timothée 3 :16
Méthodes : Discussion, comparaisons, questions
But : Justifier l'inspiration divine de la Bible.

Introduction
Certaines gens déraisonnent à force de raisonner. Qui sont–ils ? Ce sont les gnostiques, des gens qui fondent le salut sur une connaissance supérieure des choses divines.

I. **Comment raisonnent-ils ?**
Ils déclarent que
1. « *Dieu n'a pas inspiré la Bible; c'est une ingénieuse invention de l'homme.* »
    L'Evangéliste leur dira:
    a. C'est poussés par l'Esprit que des hommes ont parlé de la part de Dieu. 2Pierre.1:21
    b. Toute Ecriture est inspirée de Dieu. 2Timothée 3:16

2. *L'évangile, c'est l'affaire des simples d'esprit*
    L'Evangéliste pourra leur dire ceci :

a. En un sens vous avez raison. Jésus a déclaré « Heureux les simples d'esprit, car le royaume des cieux est à eux ». Mathieu.5 :3
b. Paul les appelle « les choses folles du monde », avec qui Dieu confond les sages. 1Corinthiens. 1 :27
c. C'est seulement pour ceux qui périssent que la prédication de l'Evangile est une folie. 1Corinthiens 1 : 18
3. Les pharisiens par exemple, croient dans l'authenticité de l'Ancien Testament, mais refusent d'accepter Jésus-Christ comme leur Messie parce qu'il vient de Nazareth, un pays pauvre.
4. Vous comprenez pourquoi il est venu chez les siens, que les siens ne l'ont pas reçu. Jean.1: 10-14
   a. Au contraire, ils lui posent des questions encombrantes en vue de déterminer son origine divine. Mathieu 19:3; 22:15-17
   b. Ils sont préoccupés par leur rang social au mépris de la volonté de Dieu. Jean 12 :42-43
   c. Le dieu de ce siècle a aveuglé leur intelligence. Ils sont étrangers à la vie de Dieu, à cause de l'ignorance qui est en eux, à cause de l'endurcissement de leur cœur. Ephésiens. 4:18

Conclusion
Que Dieu soit reconnu pour vrai et tout homme pour menteur. Romain. 3 :4

Questions

1. Qui sont les gnostiques?
   Des gens qui fondent le salut sur une connaissance supérieure des choses divines.

2. Que disent les gnostiques de la Bible?
   C'est une invention ingénieuse des hommes.

3. Qu'en dit la Bible ?
   Dieu a inspiré des hommes pour écrire la Bible.

4. A qui Jésus promet-il le ciel ?
   Aux pauvres en esprit.

5. Comment les gnostiques prennent-ils l'Evangile ?
   Pour une folie.

6. Comment les pharisiens accueillent-ils Jésus-Christ?
   a. Comme un simple homme venu de Nazareth.
   b. Ils ont refusé de l'accepter comme leur Messie.

7. Pourquoi?
   a. Ils aiment plus la gloire des hommes
   b. Ils ont l'intelligence obscurcie.
   c. Ils ont le cœur endurci.

Leçon 3
Excuses des gnostiques (suite)

Textes pour la préparation: Genèse.7 :16 ; Psaume 19: 1-7; Amos. 4:12; Mathieu 3:12; 25 :10-13 ; Luc.16:24; Romains. 1: 18-20; 2Corinthiens.5:10; Hébreux. 9 :27 ; Apocalypse 19:20
Versets à lire en classe : Amos.4 :6-13
Verset à mémoriser : Prépare-toi à la rencontre de ton Dieu, ô Israël. Amos.4 :12b
Méthodes : Discours, comparaisons, questions
But : Qu'on le veuille ou non, les hommes doivent un jour, faire face au Créateur.

Introduction
Ignorer un obstacle n'est pas du tout l'éliminer. Voilà l'erreur des gnostiques. Que disent-ils ?

I. *L'enfer n'existe pas.*
C'est une invention de l'homme pour nous effrayer et pour exploiter la crédulité des simples. D'ailleurs, Dieu est trop bon pour envoyer ses enfants en enfer.
L'évangéliste s'empressera de leur lire ce verset:
1. Car il nous faut tous comparaitre devant le tribunal de Christ afin que chacun reçoive selon le bien ou le mal qu'il aura fait étant dans son corps. 2Corinthiens.5 :10
2. Les impénitents seront jetés dans le feu éternel. Mathieu.3 :12
3. La bête et le faux prophète et ceux qui auront sur eux la marque de la bête seront jetés dans l'étang de feu et de souffre. Apocalypse. 19 : 20 :10
    a. L'homme riche de la parabole vous aurait avoué qu'il souffre en enfer. Lu.16 :24

III. **Certains disent que *Dieu n'existe pas. L'Univers est sorti d'un Bing Bang*.**
L'Evangéliste leur dira alors qu'il n'y a pas d'effet sans cause. Le **Bing Bang** dont ils parlent est un effet ; il doit y avoir une cause.
1. Il ne peut y avoir de souliers sans cordonniers, de maisons sans maçons, de montres sans horloger. Ainsi il ne peut y avoir de ciel, de terre et d'univers non plus sans Dieu. Psaume 19 :1 ; Romain .1 : 20
2. A gaspiller ainsi votre temps, vous courez le risque de rater le ciel, mais vous ne pourrez rater l'enfer. Hébreux.9 :27

Conclusion
Cessez ces vieilles réflexions. Dépêchez-vous afin d'éviter le sort des vierges folles de la parabole du Seigneur. Mathieu 25 :10-13

Questions

1. Pourquoi les gnostiques disent-ils que l'enfer n'existe pas ?
   a. Parce qu'ils ne peuvent le prouver par la raison.
   b. Ils le prennent comme un moyen d'exploiter la crédulité des simples.

2. Pourquoi leur argument n'élimine pas la réalité de l'enfer ?
   Un obstacle n'est pas éliminé parce qu'on l'ignore.

3. De quoi est-on certain au dernier jour ?
   a. Tous doivent comparaitre devant le tribunal de Christ pour être jugés.
   b. Les impénitents, la bête et le faux prophète iront au feu éternel.

4. Quel est le principe philosophique appliqué dans l'univers ?
   Il n'y a pas d'effet sans cause.

5. Prouvez-le par au moins deux exemples.
   Il ne peut y avoir de souliers sans cordonnier, Il ne peut y avoir de ciel et de terre sans Dieu.

6. Si la création est l'effet d'un bing bang, qui doit en être la cause? Dieu.

Leçon 4
Les sceptiques

Textes pour la préparation: Nombres 8:17; Esaie.59:2; Lu.13:1-5; Jean 1:1-4; 5:39-40; Actes.17:30; Romains 2:12; 3: 25; 8:32; 1Pierre 3:18
Versets à lire en classe: Lu.13 :1-5
Verset à mémoriser : Non, je vous le dis. Mais si vous ne vous repentez, vous périrez tous également. Lu.13 :3
Méthodes : Discours, comparaisons, questions
But : Présenter la repentance comme une obligation pour tous

Introduction
Savez-vous que l'homme pécheur joue toutes sortes de trucs pour fuir Dieu?

I. Un pécheur blâme Dieu pour la mort des innocents.
Si Dieu est bon, pourquoi laisse-t-il périr tant d'enfants dans les fléaux naturels?
L'Evangéliste lui dira.
I. C'est le péché qui nous éloigne de Dieu mais pas la mort physique. Esaie. 59 :2
   1. En cela Jésus cite deux faits :
      a. Le premier, c'était la mort cruelle des gens dont Pilate avait mêlé le sang avec celui de leurs sacrifices. Lu.13 :1-3
      b. Le deuxième, des morts par accidents. Lu.13 : 4-5
   2. Ce qui compte pour Dieu c'est la repentance, c'est venir à Christ pour avoir la vie. Lu. 13 :3 ; Jean. 1 :4 ; 5 :39

II. *Et alors, quel est le sort des innocents ?*
L'Evangéliste lui dira : Dieu les sauvera par sa miséricorde car c'est une autre dimension de son amour.
1. Ces innocents entrent dans la catégorie des premiers-nés qu'il revendique. Ils ne sont pas perdus. Nombres.8 :17
2. Après tout, Jésus était innocent, pourquoi Dieu ne l'avait-t-il pas épargné ? Il a accepté de le sacrifier, lui juste pour les injustes afin de nous amener à Dieu.
Romain. 8 :32 ; 1Pierre.3 :18

II. *Quel est le sort de ceux qui sont morts avant la venue de Christ ?*
L'Evangéliste répondra:
1. Dieu avait laissé impunis les péchés commis auparavant, au temps de sa patience. Romain.3 :25b
Il n'excuse pas les païens car Dieu se révèle dans la nature. Romain. 1 :19-20.
Les hommes seront alors jugés selon leur compréhension de Dieu. Romains. 2:12
2. Dieu, sans tenir compte des temps d'ignorance, annonce **maintenant** à **tous** les hommes, en **tous** lieux, qu'ils aient à se repentir. » Actes 17 :30

Conclusion

Il n'y a pas de demi-mesure dans la souveraineté de Dieu. Zéro tolérance! Prépare-toi à la rencontre de ton Dieu. Amos. 4 :12

Questions

1. Quel est le sort des innocents d'après la Bible?
   a. Ils dépendent de la miséricorde de Dieu.
   b. Dieu les rachète comme les premiers-nés d'Egypte.
2. Cochez ce qui devrait préoccuper le sceptique :
   a. La mort des victimes d'accident naturel
   b. La mort des innocents
   c. La repentance pour ses péchés
3. Quelle leçon devons-nous tirer des malheurs d'autrui ? C'est un avertissement pour nous.
4. Comment Dieu va-t-il considérer les cas de ceux qui sont morts avant la venue de Jésus-Christ?
   a. Dieu avait laissé impunis les péchés commis au temps de sa patience.
   b. Ils seront jugés selon leur connaissance du vrai Dieu.
5. Vrai ou faux :
   a. Tous les innocents sont justes __ V __ F
   b. N'importe quel innocent aurait pu mourir sur la croix pour nos péchés __ V __ F
   c. Dieu applique maintenant le principe de zéro tolérance pour tous les pécheurs. __ V __ F
   d. Dieu est trop bon pour envoyer son enfant en enfer. _ V_ F
   e. Si vous souffrez sur la terre, Dieu doit vous donner le ciel. __ V __ F

Leçon 5
Les sceptiques (suite)

Textes pour la préparation: 2Chroniques.6:18; Job.36: 26; 37:5-7; 42:3; Esaïe. 57:15; Mathieu. 12:36; Jean.1:14; 3:11-12; Colossiens.2:9; Hebreux.4:14
Versets à lire en classe : Jean. 1 :1-14
Verset à mémoriser : Et la Parole de Dieu a été faite chair, et elle a habité parmi nous pleine de grâce et de vérité. Jean 1 :14a
Méthodes : Discours, comparaisons, questions
But : Présenter la nature divine de Jésus-Christ.

Introduction
Quelle que soit sa dimension physique, le président incarne le gouvernement du pays. Il est parfaitement homme et parfaitement président. Jésus-Christ est homme et Dieu à la fois. Col.2 :9

I. Ecoutons l'argument d'un sceptique: Le *mystère de l'incarnation est un truc. Dieu est trop grand pour se contenir dans un corps si petit comme le nôtre.*
L'Evangéliste pourra venir avec ces arguments théologiques :
1. **Dieu est inconcevable,** selon le théologien Anselme.
2. **Il est indéfinissable**. Notre imagination est trop bornée pour le définir. 2Chroniques 6 :18
3. **Il est incomparable**. Tout ce qui existe dans le temps est mesurable. Dieu vit dans l'éternité, par conséquent, Il n'est pas mesurable. Sa grandeur nous échappe, dit Job. Job. 36 :26

4. Il est la Parole incarnée : parfaitement homme, parfaitement Dieu. Jean.1 :14 ; Colossiens.2 :9
5. Il est mystère. Il faut l'admettre comme tel et par la foi. Job.37 : 5,7
   a. Dites avec Job: « Oui, j'ai parlé sans les comprendre, des merveilles qui me dépassent et que je ne conçois pas. » Job.42 : 3
   b. Au dernier jour, Jésus-Christ jugera les hommes pour leurs niaiseries. Mathieu. 12 :36

II. Le sceptique rejoint l'athée dans cette déclaration : *Personne n'est sûr de l'existence d'un Dieu dans l'au-delà.*
   L'Evangéliste lui dira :
   1. Voilà! Vous admettez certaines choses seulement par leurs manifestations comme les vents et l'électricité, la gravitation universelle Vous utilisez la table de multiplication sans connaitre son auteur…
   2. Ainsi en est-il pour Dieu. Mieux vaut obéir sans comprendre comme le rabbin juif Nicodème. Jean 3 : 11-12
   3. Dieu gouverne toute chose. Que dit-il ? « J'habite dans les lieux élevés mais je suis avec l'homme contrit et humilié. » Esaïe. 57 :15 ; Hébreux. 4 :14

Conclusion
Jésus reviendra chercher son Eglise et juger les incrédules. Gare à vous d'être compté parmi ces derniers!

Questions

1. Comment répondre à ceux qui contestent l'incarnation du Christ ?
   a. Dieu est inconcevable, indéfinissable, incomparable.
   b. Il est la Parole incarnée.
   c. Il est mystère.
2. Quelle excuse les sceptiques auront-ils au dernier jour ? Aucune
3. A qui ressemblent-ils ? Aux athées
4. Pourquoi ? Ceux-ci nient l'existence de Dieu.
5. Peut-on tout comprendre de Dieu dans la nature? Non.
6. Citez des exemples
   On ne peut comprendre la gravitation universelle, l'existence des ondes magnétiques, le mouvement des planètes.

Leçon 6
Les légalistes

Textes pour la préparation: Genèse 3: 19; Lévitique 17:14; Ezéchiel 18:20; Mathieu 10:28; Marc. 8:36-37; Lu.16:24-28; Jean 19:30; 2Corinthiens 4: 16-18; 5:21; 1Thesssaloniciens 5:23;
Verset à lire en classe: Marc. 8 :34-38
Verset à mémoriser : Et que sert-il à un homme de gagner tout le monde, s'il perd son âme? Marc. 8 : 36
Méthodes : Discours, comparaisons, questions
But : Prouver la raison de l'immortalité de l'âme.

Introduction
Une fausse interprétation sur le sort final de l'âme peut amener les gens à la perdition. Jésus vient pour les éclairer.

I. *Ces gens disent que « L'âme est mortelle.* »
   1. En un sens oui. « l'âme (mise pour l'homme) qui pèche est celle qui mourra ». Ezéchiel. 18 :20
   2. Dans le Nouveau Testament, l'homme est un être ayant **corps, âme et esprit**. 1Th.5 :23
      a. L'âme et l'esprit désignent les parties immatérielles et invisibles de l'homme.
      b. A la mort, **le corps, cette partie visible,** se décompose et retourne en poussière. Ge.3 :19
      c. L'esprit remonte à Dieu d'où il était sorti. Jésus rendit l'esprit et non l'âme. **C'est pourquoi il n'était pas resté dans le séjour des morts.** Jean.19 :30

d. **L'âme** va dans le séjour des morts dans l'attente du jugement. 2Co. 4 :16 ; 5 :21 Bibliquement l'âme est immortelle et éternelle parce que les choses invisibles sont éternelles. 2Corinthiens. 4 : 17-18
3. **La mort ici est la séparation d'avec Dieu.**
   a. Qu'ils sachent que le **corps** de l'homme riche était enterré, mais il souffre éternellement dans son **âme**. Lu.16 :24, 25, 28
   b. Après plus de quatre mille ans les incrédules du temps de Noé reçurent la visite de Jésus qui leur signifia leur jugement. 1Pierre 3 :18
   c. Par le fait qu'elle est **éternelle**, il a fallu une **puissance éternelle** pour la sauver. Par contre toutes **les richesses périssables** de ce monde ne peuvent payer le salut de **l'âme impérissable**. Marc. 8 :36-37

Conclusion

Jésus vous attend pour souffler dans votre âme le souffle de vie. Venez et négociez votre salut avec lui.

Questions

1. Combien de parties comprend l'homme d'après l'Ancien Testament?
   Deux parties : l'âme et le corps

2. Combien de parties comprend l'homme d'après le Nouveau Testament? L'homme a trois parties : le corps, l'âme et l'esprit

3. A la mort, quel est le sort de chacune d'elles ?
   a. Le corps se décompose et retourne en poussière.
   b. L'esprit remonte à Dieu.
   c. L'âme reste dans le séjour des morts attendant la résurrection.

4. Comment définir la vraie mort ?
   La séparation d'avec Dieu

5. Dites où se trouvent les incrédules du temps de Noé.
   __ A Babylone __ A New York __ Dans le séjour des morts.

6. Vrai ou faux
   a. L'âme sans Dieu est mortelle __ V __ F
   b. L'âme est invisible et éternelle __ V __ F
   c. L'âme peut vivre éternellement avec Dieu. _V _F
   c. Après la mort tout est fini. __ V __ F

Leçon 7
Les viveurs

Textes pour la préparation: Genèse 13:4; Juges. 6:14-15; 8:10; 1Samuel 16: 11; 17:47; Proverbe 27: 1; Ecclésiaste 12:1-2; Esaïe. 1;18; Jérémie 1: 6-9; Daniel 1:3-4; 3:17-18; Mathieu 11:28; Lu.14:18-20; Jean 3:36; Hébreux 4:7; 1Jean 1:7
Versets à lire en classe : Lu.14 : 15-24
Verset à mémoriser : Prenez garde, frères que quelqu'un de vous n'ait un cœur mauvais et incrédule au point de se détourner du Dieu vivant. Hébreux. 3 :12
Méthodes : discours, comparaisons, questions
But : Alerter les insouciants sur le sort qui les attend au dernier jour.

Introduction
Certaines se moquent de l'Evangile en avançant toutes sortes d'excuses.

I. *Je suis trop occupé :*
C'est l'excuse de l'homme d'affaires.
L'Evangéliste lui dira :
C'est exactement vous que Jésus cherche. Sachez qu'une minute avec Christ est déjà un investissement pour l'éternité. Lui seul a une réponse à tous vos soucis : Lu.14 :18-19

II. *Je suis trop heureux maintenant*
C'était l'excuse d'un jeune marié à l'invitation au souper d'un roi. Et pourquoi ne pas y amener votre femme? Si vous n'avez pas de temps pour le

maitre dans le temps, il n'aura pas l'éternité pour vous. Lu.14 :20

III. *Je suis trop jeune pour me convertir*
L'Evangéliste lui dira :
C'est bon de jouir de la vie ; mais gare aux excès. Car Dieu vous appellera en jugement. Eccl.12 :1-2 Sadrack, Meschak, Abed-Nego, David, Jérémie, Gédéon et Jean étaient des jeunes au service de Dieu. Pourquoi pas vous ? Juges. 6 : 14-15 ; 8 :10 ; 1Samuel. 16 :11 ; 17 :47 ; Daniel 1 :3-4 ; 3 :17-18 ; Jérémie.1 : 6, 9

IV. *Je suis trop vieux pour me convertir*
Oui, je l'admets, dira l'Evangéliste :
1. Cependant, Abraham était âgé de soixante-quinze ans quand il avait connu le vrai Dieu. Genèse 12 : 4
2. Au jour du jugement, Jésus siègera en juge mais maintenant il s'offre comme votre avocat pour vous sauver. Mathieu 11 :28
3. Puisque vous êtes vieux, à plus forte raison, dépêchez-vous de vous convertir maintenant. Jésus sauve aujourd'hui, pas demain.
Jean.3 :36 ; Proverbes 27 :1 ; Hébreux. 4 :7

V. *Je suis un trop grand pécheur, la conversion ne me servira de rien.*
L'Evangéliste lui dira : Le sang de Jésus est efficace pour vous laver de tout péché.
Esaie.1 :18 ; 1Jean.1 :7

Conclusion

Sachez que Jésus est mort pour vos péchés non pour vos excuses. Un jour, il sera trop tard de les utiliser. Vous aurez alors des comptes à rendre au Très-haut. Ne courez pas le risque de rater le ciel. Alors, plus d'excuse !

Questions

1. Qu'est-ce-qui d'ordinaire empêche les gens de se convertir ?
   Les préoccupations de la terre.

2. Citez quelques-unes de leurs excuses:
   a. Je suis trop occupé
   b. Je suis trop heureux
   c. Je suis trop jeune
   d. Je suis trop vieux

3. Quand sera-t-il trop tard ? Quand la porte de la grâce sera fermée.

4. Quelle est l'heure du salut ? Maintenant

5. Que faut-il éviter coûte que coûte ? Le Jugement Dernier

Leçon 8
Les hommes charnels

Textes pour la préparation: Mathieu. 4:6; 6:24; 19: 16-23;11:28; Marc. 8:36-37; Lu.12:15-21; 2Corinthiens 4:16-18; 1Timothée 6:6-12; Apocalypse 3: 3
Versets à lire en classe : 1Timothee. 6 :6-12
Verset à mémoriser : Mais ceux qui veulent s'enrichir tombent dans le piège, dans la tentation, et dans beaucoup de désirs insensés et pernicieux qui plongent les hommes dans la ruine et la perdition. 1Timothée. 6 :7
Méthodes : discours, comparaisons, questions
But : Attirer les cœurs vers le vrai bien à conquérir par la foi en Jésus-Christ.

Introduction
Si vous vous confiez dans vos biens, allez tout seul faire un tour au cimetière. Là, vous verrez la tombe des gens riches qui ne sont plus. L'évangéliste pourra néanmoins entendre ces hommes charnels:

I. *Ils vous disent : « Les jeux de hasard sont les meilleurs moyens de s'enrichir. La conversion à Jésus-Christ est inutile.*
L'Evangéliste leur dira :
1. Sachez que l'amour de l'argent est la racine de tous les maux et de tous les tourments. 1Timothée 6 :10
2. Jésus-Christ disait au jeune homme riche:
   a. «Débarrassez-vous de vos biens matériels. Mathieu 6:24;
   b. Puis, venez à moi pour avoir gratuitement la vie éternelle». Mathieu 19 :16-23

Il voulut par-là lui offrir un **bien durable** en échange des **biens périssables**. Lu.12 :15

II. *Je n'ai pas d'habits, dira un homme charnel*
L'Evangéliste lui dira :
1. La mort peut vous surprendre sans habits. Apocalypse 3 :3
2. Dieu est après votre âme et non vos habits. « Venez à moi tel que vous êtes, dit Jésus, et je vous donnerez du repos ». Mathieu. 11 :28

III. *Je connais par cœur presque tous les chants évangéliques et les Psaumes de prières. Dieu me protège toujours. Changer de religion est inutile.*
L'Evangéliste lui dira :
1. Compliment ! Cependant, Satan connait comme vous et moi bien des psaumes, mais il n'ira pas au ciel pour cela. Mathieu 4 : 6
2. Votre salut était plaidé et gagné grâce au sang de Jésus-Christ versé pour vous à la croix du calvaire. Mathieu. 11 :28

IV. *J'ai peur de mourir. La vie ici-bas m'est chère. L'au-delà est incertain.*
1. L'Evangéliste lui dira :
Craignez plutôt le jugement de Dieu qui vous attend. 2Corinthiens 5 :10
2. Quand les choses d'ici-bas vous échapperont, vous verrez trop tard que l'au-delà *incertain* est bien *certain*. 2Corinthiens 4 : 16-18

Conclusion

La vie dans l'au-delà est une réalité. Faites votre choix dès maintenant.

Questions

1. Citez-nous au moins un riche qui va au ciel avec tous ses biens matériels.
2. Citez-moi au moins un riche qui soit heureux avec la loterie.
3. Citez-moi au moins un homme qui rentre dans l'éternité avec 10 costumes, 5 voitures, un gallon d'eau, un condensateur, un congélateur et du cash.
4. Citez-moi un homme sans Dieu qui n'a jamais connu la mort.
5. Citez-moi au moins un homme que la mort craint.
6. Montrez-moi maintenant, si vous le pouvez, la route qui mène au ciel et celle qui mène en enfer.
7. Sinon, quel est votre choix ? Cochez votre réponse :
   __ Jésus ? __Satan ?
   __ Le ciel ? __ l'enfer ?
   __ La vie ? __ La mort ?

Leçon 9
Les récalcitrants

Textes pour la préparation : Psaume 33 :13-19 ; Mathieu 4 :4 ; 5 :45 ; Jean 3 :16 ; 5 : 39-40 ; Romains 3 :10-12 ; 1Corinthiens 6 : 2 ; 2Corinthiens. 5 :18-20
Versets à lire en classe : Mathieu 11 :27-30
Verset à mémoriser : J'efface tes transgressions comme un nuage et tes péchés comme une nuée ; Reviens à moi car je t'ai racheté. **Esaïe. 44 :22**
Méthodes : discours, comparaisons, questions
But : Déloger le pécheur de sa cage de rébellion.

Introduction
L'incrédule se cache toujours derrière ses opinions pour ne pas obéir à Dieu.

I. Ecoutez un récalcitrant : « *Dieu est bon pour tout le monde. Il exauce toujours mes prières. Je n'ai que faire de la religion. Ne venez pas ici pour me juger.* » Mathieu 5 :45
L'Evangéliste lui dira :
Le Dieu-Providence est le Père de la création. Il prévoit tout **pour notre bien-être corporel**.
Psaumes 33 :13
Ce même Dieu veut avoir une relation personnelle avec vous **pour le bien-être de votre âme**. Voilà pourquoi il vous envoie Jésus-Christ pour vous délivrer de vos péchés. Il suffit d'avoir foi en lui pour **le salut de votre âme**. Mathieu .4 :4 ; Jean .5 :39-40

II. Un autre récalcitrant vous dit « *Mes parents prient pour moi ; j'irai quand même au ciel. Je n'ai pas besoin de votre aide.* »

L'Evangéliste pourra aisément lui dire :
D'abord, le salut est personnel. Jean.3 :16
Je comprends votre désir d'aller au ciel.
Mais comment y parvenir? Jésus-Christ en a fait provision :
1. Il vous envoie
   a. Ses moniteurs pour vous enseigner. Mt.28 :19-20.
   b. Ses témoins, ses ambassadeurs pour vous introduire dans son royaume. 2Corithiens 5 : 18-20
2. Si vous les refusez, attendez le Jugement Dernier où tous ces témoins siègeront avec lui pour vous juger. 1Corinthiens 6 : 2
   a. Par ailleurs, nul ne doit vous inviter à sa religion mais plutôt à Christ pour votre salut. Mathieu 11 :28
   b. Ne vous croyez pas juste parce que vous vous abstenez de fumer, de boire ou de faire du mal au prochain. C'est une réformation morale. Jésus viendra chercher plutôt les pécheurs perdus. Lu.5 :32 ; Romains. 3 :10-12

Conclusion
N'attendez pas que la mort vous surprenne en cet état. Elle n'a que faire de vos arguments. Dépêchez-vous. Jésus vous attend maintenant.

Questions

1. Quelle est la cachette favorite de l'homme pécheur?
   a. La foi en la religion, les bonnes œuvres et la bonté de Dieu
   b. L'abstention de fumer, de boire, de faire du mal au prochain.
2. Pourquoi Dieu fait-il lever son soleil sur les bons comme sur les méchants ?
   a. Il est le Dieu-Providence pour notre bien-être.
   b. Il cherche à avoir une relation personnelle avec chacun en particulier.
   c. Il veut nous offrir mieux que les choses périssables de la terre.

3. Quel est l'avantage d'avoir des parents pour intercéder pour soi devant Dieu ?
   Ils veulent que vous soyez sauvé afin de pouvoir jouir des grâces divines.

4. Quel est l'avantage d'être récalcitrant?
   a. Aucun
   b. Satan le diable peut plus facilement vous conduire doucement en enfer.

Leçon 10
Les indifférents

Textes pour la préparation : Nombres 23 :10 ;
Malachie 3 :18 ; Luc.16 : 18-31; Jean 8 :24 ; 10 :28 ;
Hébreux. 9 :27 ; 10 :31 ; 12 :29
Verset à lire en classe : Lu.16 : 19-31
Verset à mémoriser : C'est une chose terrible de tomber entre les mains du Dieu vivant. Hebreux.10 :31
Méthodes : discours, comparaisons, questions
But : Vous informer sur le sort final des indifférents

Introduction
Qu'il est malheureux d'ignorer la fin dernière des hommes ! Ecoutons la parole d'un indifférent:

I. *Tous meurent de la même façon. Je ne vois aucune raison de me convertir.*
L'Evangéliste pourra bien lui dire :
Ici, je prends à témoins un houngan et un prophète pour vous démentir :
1. Le bocor Balaam atteste que le juste ne meurt pas comme l'injuste. No. 23 :10
2. Le prophète Malachie atteste qu'il y a une différence entre le juste et le méchant. Malachie 3 :18
3. Sachez que votre position par rapport à Dieu détermine votre fin. Jean.8 :24
4. Etre indifférent à Dieu ne vous rend pas indifférent à son jugement. Hébreux. 9 :27
   a. Nul ne pourra l'éviter.
   b. C'est une chose terrible que de tomber entre les mains du Dieu vivant. Car notre

Dieu est aussi un feu dévorant. Hébreux. 10 :31 ; 12 :29

II. Un autre indifférent vous dit : *Quant à mes funérailles, je n'ai aucune raison de m'inquiéter car j'ai tout arrangé avec une compagnie d'assurance.*
1. L'Evangéliste lui dira : «C'est là pourtant que vous devez vous inquiéter, car vous payez à la compagnie d'assurance pour vous conduire jusqu'à la tombe.
La croix du calvaire va vous amener au ciel. Jean. 10 :28
2. Ne commettez pas l'erreur de l'homme riche.
Il regrette, mais trop tard, d'avoir été indifférent aux messages des hommes de Dieu. Lu.16 :29

Conclusion

Etes-vous prêt? Le seul moyen d'éviter la condamnation c'est de prendre Jésus maintenant comme votre avocat. Au dernier jour, il va siéger en juge. De grâce, ne prenez aucun risque. 2Corinthiens 5 : 10

Questions

1. Quel est le problème des indifférents ?
   Ils ne prennent pas au sérieux la vie dans l'au-delà.

2. Qui nous renseigne sur le sort du juste et de l'injuste ?
   Le bocor Balaam et le prophète Malachie

3. Pourquoi un sort différent?
   Parce que l'un vit pour Dieu, l'autre vit pour le Diable.

4. Quelle est l'avantage offert par la compagnie d'assurance de vie ?
   a. Les frais funéraires
   b. Le cortège jusqu'à la tombe

5. Qui donne la vraie assurance de vie ? Jésus

6. Pourquoi ? C'est vous qui allez en jouir.

7. Quelle est l'avantage offert au pécheur à la croix ?
   Jésus vous amène jusqu'au ciel.

Leçon 11
Les fatalistes

Textes pour la préparation: Genèse 12:3; 1Samuel 17: 49-50; 1Roi. 17:1; 2Roi.4:1-17; Mathieu. 7:7-8; Jean 14 :6 ; Acte 1:11; Romains 5:6; Galates 3:16; Jacques 6:17-18; 2Pierre 1:21
Versets à lire en classe : Jean.14 : 1-6
Verset à mémoriser : Jésus leur dit : « Je suis le chemin, la vérité et la vie ; nul ne vient au Père que par moi » Jean.14 :6
Méthodes : discours, comparaisons, questions
But : Mettre le fataliste devant la grande réalité.

Introduction
A force de reculer devant des décisions majeures, on finit par rejeter toute décision valable. C'est l'état d'esprit des fatalistes. Comment raisonnent-ils ?

I. *Ce qui arrive devait arriver.*
L'Evangéliste doit savoir ceci :
Le fataliste est un résigné ; il n'a pas la foi. Sa prière est une formalité vide de sens.
Dites-lui que Dieu opère sous deux aspects :
1. **Dans sa volonté souveraine**, il décide des choses qui demeureront inchangées.
   a. La Terre tournera toujours autour du Soleil qu'on le veuille ou non.
   b. Jésus-Christ, au temps marqué devait venir pour sauver le monde. Romain. 5 :6
2. **Dans sa volonté permissive**, il permet des choses qu'il n'ordonne pas.
   a. L'homme est libre de faire ses plans. Dieu ne va pas l'en empêcher.

b. Il respecte son libre-arbitre mais il lui recommande la prière comme un moyen pour solliciter la volonté de Dieu.
Jérémie. 10 :23; Mathieu. 7 : 7
La réponse ne viendra pas par hasard. Demandez au prophète Elie et il vous le dira.
1Rois.17 :1 ; Jaques.5 : 17-18
c. Ce n'était pas par hasard que l'huile abondait chez la veuve et qui ne s'arrêta que faute de récipients disponibles. 2Roi.4 :1-17
d. Ce n'était pas par hasard que David, un berger âgé de 17 ans abattit Goliath, un vétéran de guerre, d'un seul jet de pierre.
1Samuel 17 :49-50
e. Ce n'était pas par hasard que les prophéties ont été accomplies. 2Pierre.1 :21
f. Ce n'était pas par hasard que Christ était mort, qu'il était ressuscité et qu'il remonta au ciel. Actes. 1 :11
g. C'est insulter le Seigneur Jésus que de démentir sa déclaration: « Demandez et vous recevrez. Frappez et l'on vous ouvrira. Cherchez et vous trouverez. » Pas question d'hasard ! Mathieu 7 :7-8
h. Enfin, vous n'êtes pas un hasard, la mort, le ciel, l'enfer et le jugement de Dieu non plus. He.9 :27

Conclusion
Dieu vous a choisi. Acceptez son choix. Prenez Jésus comme Seigneur et Sauveur. Nul ne vient au ciel que par lui. Jean 14 :6

Questions

1. Qui est fataliste ? Un résigné.

2. Quelle est sa relation avec Dieu ? Il n'a pas la foi.

3. Que doit-il savoir ? La volonté de Dieu est souveraine et permissive.

4. Que veut dire « Volonté souveraine de Dieu » Des décisions de Dieu qui ne seront jamais changées.

5. Que veut dire « Volonté permissive de Dieu » ? Des choses que Dieu permet mais qu'il n'ordonne pas.

6. Comment caractériser quelqu'un qui dément une déclaration faite par Dieu ? Un imposteur.

7. Qu'arrivera-t-il si on prend tout pour un fait du hasard ? On arrivera tôt ou tard devant le trône du jugement de Dieu sans y être préparé.

Leçon 12
Les faux raisonnements

.**Textes pour la préparation** : Genèse 7 :16 ;
Proverbes. 14 :12 ; Lu.13 :22-30 ; Jean 3 :7 ; 10 :16 ;
14 :6 ; Acte. 4 :12 ; Ephesiens.2 :8 ; 2Corinthiens 6 :2 ;
Hébreux. 4 : 4-9
Versets à lire en classe : Lu.13 :22-30
Verset à mémoriser : Efforcez-vous d'enter par la porte étroite, Car je vous le dis, beaucoup chercheront à y entrer et ne le pourront pas. Lu.13 :24
Méthodes : discours, comparaisons, questions
But : Orienter les âmes à recevoir Jésus-Christ comme Sauveur.

Introduction
Combien de déviations dans la recherche de la vérité! Faisons le point pour plusieurs.

i. *Entre le samedi et le dimanche, je veux savoir quel jour sauve.*
Réponse :
Aucun. Jésus seul sauve par son sacrifice sur le calvaire. Le jour du salut est aujourd'hui.
2Corinthiens 6 :2 ; Hébreux. 4 :4-9

II. *J'observe la Loi et le Sabbat et je crois aux prophètes.*
*J'attends **la venue** de Jésus-Christ.*
Réponse :
Nicodème, un rabbin juif pensait comme vous. Cependant Jésus lui disait :
Malgré tout, ne t'étonne pas que je t'aie dit : « Il faut que vous naissiez de nouveau ». Jean 3 : 7

Pour nous, nous attendons **le retour de** Jésus-Christ. Jean 14 : 3 ; Acte.1 : 10-11

ii. *Si le nombre des sauvés est limité à 144,000 est-il nécessaire d'accepter Jésus-Christ comme mon Sauveur?*

Réponse :
1. Jésus offre le salut à tous, juifs et païens. Jean 3 :16 ; Acte.1 :8 ; Hébreux. 2 :3
   a. Il prie même pour ceux qui croiront en Lui par le message des apôtres. Jean.17 :20
   b. Ce sont là les brebis qui ne sont pas de son pâturage et qu'il tient à ramener. Jean 10 :16
2. En dehors du nombre symbolique des 144,000 qui représente les juifs messianiques des12 tribus d'Israël, l'apôtre Jean parle des gens de toute tribu, de toute langue qui seront admis dans le ciel. Apocalypse 7 :9

III. *Ne me demandez pas de changer de religion.*
1. **Réponse :**
   La religion qui sauve n'existe pas. Il n'y a de salut qu'en Christ seul. Actes. 4 :12
2. Telle voie (**la religion**) parait droite à un homme, mais son issue, c'est la voie de la mort. Proverbes.14 :12
3. Jésus dit : Nul ne vient au Père **par la religion,** mais par moi. Jan.14 :6

Conclusion
Dépêchez- vous d'entrer par la porte de la Grâce avant qu'elle soit fermée. Lu.13 :25

Questions

1. Dites quel jour sauve __ Samedi __ Dimanche __ Aucun

2. Quelle est la position des observateurs de la Loi par rapport au retour de Jésus-Christ ? Ils attendent la **venue** de Jésus-Christ

3. Quelle est la position des sauvés par grâce ? Ils attendent le **retour** de Jésus-Christ.

4. Combien d'âmes seront-elles au ciel ? Tous les rachetés, les gens sauvés par grâce.

5. Que devraient faire les gens du temps de Noé pour être sauvés ? Accepter d'entrer dans l'arche

6. Que devons-nous faire pour être sauvés ? Accepter Jésus-Christ comme Seigneur et Sauveur.

Récapitulation des versets

1. Il n'y a point de juste, pas même un seul. Romains.3:10

2. Toute Ecriture est inspirée de Dieu, et utile pour enseigner, pour convaincre, pour corriger, pour instruire dans la justice. 2Timothée 3 :16

3. Prépare-toi à la rencontre de ton Dieu, ô Israël. Amos.4 :12b

4. Non, je vous le dis. Mais si vous ne vous repentez, vous périrez tous également. Lu.13 :3

5. Et la Parole de Dieu a été faite chair, et elle a habité parmi nous pleine de Grâce et de vérité. Jean 1 :14a

6. Et que sert-il à un homme de gagner tout le monde, s'il perd son âme? Marc. 8 : 36

7. Prenez garde, frères que quelqu'un de vous n'ait un cœur mauvais et incrédule au point de se détourner du Dieu vivant. Hébreux. 3 :12

8. Mais ceux qui veulent s'enrichir tombent dans le piège, dans la tentation, et dans beaucoup de désirs insensés et pernicieux qui plongent les hommes dans la ruine et la perdition. 1Timothée. 6 :7

9. J'efface tes transgressions comme un nuage et tes péchés comme une nuée ; Reviens à moi car je t'ai racheté. Esaïe. 44 :22

10. C'est une chose terrible de tomber entre les mains du Dieu vivant. Hebreux.10 :31

11. Jésus leur dit : « Je suis le chemin, la vérité et la vie ; nul ne vient au Père que par moi. »
Jean.14 :6

12. Efforcez-vous d'enter par la porte étroite, Car je vous le dis, beaucoup chercheront à y enter et ne le pourront pas. Lu.13 :24

Feuille d'évaluation

1. Quelle est votre impression générale de cette série ?_____

_____
_____
_____

2. Qu'est-ce-qui vous en a le plus marqué ?

_____
_____
_____

3. Quel engagement voulez-vous prendre à partir d'aujourd'hui pour servir le Seigneur?_____

_____
_____
_____

Torche Brûlante 15-Série 2

La Grâce, une faveur imméritée

Avant-propos

Une vérité incontestable : depuis l'introduction du péché dans le monde, l'homme est en liberté provisoire. Il va affronter la peine capitale. Par conséquent, il doit absolument constituer un avocat pour plaider valablement sa cause. Il l'a confié aux dix commandements, aux rites et aux cérémonies, aux bonnes œuvres et à la bonne éducation. Tous ont décliné parce que le prix à payer dépasse la compétence de la Religion et des œuvres sociales. C'est à ce moment que Jésus intervient pour payer le prix en s'offrant lui-même comme victime expiatoire pour nos péchés. Et dès lors il peut dire : « Si le Fils vous affranchit, vous serez réellement libres. » Il a payé le prix pour nous faire grâce. Que cette série marque votre vie spirituelle et vous permette d'apprécier ce salut gratuit, payé pour vous « par un seul chèque » à la croix du Calvaire.

Pasteur Renaut Pierre-Louis

Leçon 1
La Grâce, une faveur imméritée de Dieu

Textes pour la préparation : Es.53 :5 ; Mc.8 :37; Jn.3:16; Ro.3 :23 ; 8:1 ; Ep.2 :8-10; 1Pi.2 :19-20 ; 4 :16
Versets à lire en classe : Es.53 :1-5
Verset de mémoire : Car c'est par la grâce que vous êtes sauvés, par le moyen de la foi. Et cela ne vient pas de vous, c'est le don de Dieu. Ep.2 :8
Méthodes : Discours, discussions, comparaison, questions
But: Montrer que l'argent de toutes les banques du monde réunies ne peut payer même la moitié d'un ticket pour amener une âme au ciel.

Introduction
« Je vous fais grâce ! » Quelle expression consolante à l'oreille d'un condamné! Quelle doit être son impression ?

I. **Il doit avoir une sensation de liberté. Pourquoi?**
   1. Il devait subir une juste punition.
   2. Il était incapable de racheter sa liberté.
   3. Quelqu'un a payé pour lui. Voilà la grâce, une faveur imméritée ! Ep.2 :8
   4. C'est là la situation du pécheur pardonné.

II. **Il doit avoir un sentiment de reconnaissance.**
   1. Il est joyeux !
   2. Il va témoigner de sa reconnaissance envers son bienfaiteur. Comment?
      a. En glorifiant Dieu pour sa nouvelle condition. 1Pi.4 :16

    b. En acceptant de souffrir, s'il le faut, pour son Sauveur. 1P1. 2 :19-20
I. **Il doit savoir combien a coûté sa libération.**
  1. L'argent de toutes les banques du monde ne pouvait payer pour son salut. Mc.8 : 37
  2. La justice de Dieu exige la condamnation du pécheur. Ro.3 :23
  3. L'amour de Dieu doit s'offrir pour le libérer. Comment concilier son amour à sa justice ?
    a. Par amour pour nous, Jésus a accepté de subir la peine à notre place. Jn.3 :16
    b. Voilà comment et pourquoi le châtiment qui nous donne la paix est tombé sur Christ. Es. 53 :5
  4. Et dès lors, il n'y a aucune condamnation pour ceux qui sont en Jésus-Christ. Ro.8 :1

Conclusion

Perdus, loin de Dieu, aujourd'hui sauvés par grâce, montrons notre reconnaissance à l'endroit du Père qui nous a tout donné en Jésus-Christ.

Questions

1. Quelle est l'expression qui console un condamné ?
« Je vous fais grâce »

2. Pourquoi se sent-il libre ?
    a. Parce qu'il devait subir un juste châtiment.
    b. Parce qu'il n'avait pas de quoi payer pour sa liberté.
    c. Parce qu'il bénéficie d'une faveur spéciale.

3. Quel est le sentiment à espérer dans le pécheur pardonné?
   a. Un sentiment de reconnaissance.
   b. Il est content
   c. Il est prêt à servir son bienfaiteur et s'il le faut, à se sacrifier pour lui.
   d. Il doit glorifier Dieu pour sa nouvelle condition

4. Comment a eu lieu la transaction ?
   a. La justice de Dieu réclame la condamnation du coupable.
   b. L'amour de Dieu doit s'offrir pour le libérer.
   c. Pour concilier son amour et sa justice, Jésus s'offre pour payer le prix de notre rachat.

5. Comment le pécheur est-il sauvé ?
   Par grâce, par le moyen de la foi.

Leçon 2
Les implications de la Grâce

Textes pour la préparation : Ge.2 :1-17 ; 3 :9 ; Ps.82 :6 ; 2Co.6 :2 ; Ep.1 :4 ; 2 :8 ; 2Ti.1 :9
Texte à lire en classe : Ep.2 :1-10
Verset de mémoire : Mais Dieu prouve son amour envers nous, en ce que, lorsque nous étions encore des pécheurs, Christ est mort pour nous. Ro.5 :8
Méthodes : Discours, discussions, comparaison, questions
But : Montrer les « démarches » de Dieu pour sauver les pécheurs.

Introduction
Peut-on parler de grâce si personne n'est coupable? Comment Dieu voit-il l'homme pécheur ?

I. Il le voit avec un cœur de Père.
   1. L'homme est son fils. Il est donc un dieu semblable à son Père. Malheureusement il est tombé en disgrâce. Ps.8 :6 ; 82 :6
      a. Avec son cœur de Père, Il lui plante un Jardin en Eden ou paradis terrestre et lui donne les conditions pour y demeurer. Ge.2 :8, 15-17
      b. Il lui donne une femme et du travail pour son bien-être. Ge.2 :15-17
      c. Il le laisse libre pour gérer planète. Ge. 2 :15
      d. Dieu le visite en temps dû pour évaluer son comportement dans l'exercice de sa gérance.

II. **Dans sa prescience, il sait que l'homme va faillir.**
   1. Aussi n'était-il pas étonné de sa chute.

2. Il n'excuse pas son péché, car l'homme avait son libre arbitre pour prendre des décisions personnelles.
3. Cependant, dès avant la fondation du monde, il prévoit sa chute et les moyens de le sauver par Jésus-Christ. Ep.1 :4 ; 2Ti.1 :9
   a. La question: «Adam, où es-tu?» n'indique pas qu'il ne l'a pas vu, car Dieu voit tout et il sait tout. Ge.3 :9
   Il veut lui dire : « Dans quel état misérable t'es-tu mis? »
   b. L'expression : « As-tu mangé du fruit défendu? », consacre son état de péché qui va engager la responsabilité de Dieu pour le sauver. Jn.3 :16
   c. L'homme n'a rien à contribuer dans son salut. Voilà la grâce. Cela ne vient pas de lui, c'est un don de Dieu. Ep.2 :8

Conclusion

Ne recevez pas la grâce de Dieu en vain, car au jour du salut, il vous a secourus. 2Co.6 :2

Questions

1. Quand peut-on parler de grâce?
   Quand il s'agit de pardonner au coupable.

2. Comment Dieu voit-il le pécheur ?
   a. Avec son cœur de Père.
   b. C'est son fils tombé en disgrâce.

3. Expliquez pourquoi la bible dit que « nous sommes des dieux ? »
C'est parce que nous sommes des fils de Dieu. Nous sommes faits à son image.

4. Comment Dieu établit-il sa condition de Père à l'égard de son fils ?
   a. Il lui prépare un lieu d'habitation
   b. Il lui donne les principes pour y demeurer.
   c. Il lui fonde un foyer qu'il bénit.
   d. Il lui accorde l'entière liberté pour gérer la planète.

5. Puisque Dieu peut tout, pourquoi n'a-t-il pas épargné la chute de l'homme ?
Dieu sait qu'il va faillir. Il prévoit les moyens de le sauver dès avant la fondation du monde.
   a. Il connait les limites de nos forces.
   b. L'homme a son libre-arbitre pour prendre des décisions.
   c. Mais il doit inviter Dieu dans sa vie pour toutes choses.

6. Puisque Dieu est partout, pourquoi a-t-il dit à Adam : « Où es-tu » ?
Il veut lui dire : « Dans quel état misérable t'es-tu mis ? »

7. Puisque Dieu sait tout, pourquoi a-t-il dit à Adam : « As-tu mangé du fruit défendu ? »
Dieu veut consacrer son état de péché et du coup sa responsabilité de le sauver.

8. Que doit-il faire pour se sauver ? Rien. C'est l'effet de la grâce qui ne vient pas de nous ; c'est un don de Dieu.

Leçon 3
Les effets de la grâce

Textes pour la préparation : Ex.33 :20 ; Ez.36 :21-23 ; Lu.15 :21 ; Jn.1 :12 ; 13 : 23 ; Ro.3 :24 ; Ep.2 :8 ; He.6 :4-6 ; Ti.2 :11 ; 3 :5 ; 1Jn.4 :8
Versets à lire en classe : Ep.2 :11-16
Verset de mémoire : Ils sont gratuitement justifiés par sa grâce, par le moyen de la rédemption qui est en Jésus-Christ. Ro. 3 :24
Méthodes : Discours, discussions, comparaison, questions
But : Montrer comment la grâce manifeste l'amour insondable de Dieu.

Introduction
Nous ne saurions rien de l'amour de Dieu s'il ne nous avait secourus au temps favorable. Voici donc ce que nous avons pu découvrir:

I. **Par la grâce, la nature de Dieu est parfaitement révélée** : Il est amour. 1Jn.4 :8
   Il ne peut consentir à perdre en nous une partie de Lui-Même. Ainsi doit-il tout prévoir pour nous sauver.

II. **Par la grâce, nous sommes restaurés dans la communion avec notre Père.**
   1. Pécheurs perdus, nous bénéficions de la seule possibilité d'entrer en relation avec le Dieu saint.
   2. Il nous a sauvés non à cause des œuvres de justice que nous aurions faites, mais selon sa miséricorde par le bain de la régénération et le renouvellement du Saint–Esprit. Ti.3 :5

3. Hier nous ne pouvions voir la face de Dieu et vivre. Ex.33 :20
4. Aujourd'hui nous sommes rachetés, adoptés. Nous pouvons même nous appuyer sur le sein de Jésus, notre frère. Jn.1 :12 ; 13 : 23
5. Il a tout fait pour l'honneur de son grand nom au moment où nous en étions indignes. Ez. 36 : 21-23 ; Lu.15 : 21

III. **Cette grâce est offerte à tous les hommes sans discrimination.** Ti.2 :11
1. Jésus la donne gratuitement. Ro. 3 :24
2. Il suffit de l'accepter par la foi. Ep.2 :8
3. Nous devons donc constater dans sa mort, les conséquences de nos péchés afin de ne plus recommencer. He.6 :4-6

Conclusion

Après avoir considéré les effets de sa grâce, pourquoi ne pas chanter : « Je ne sais pourquoi, dans sa grâce, Jésus m'a tant aimé ? » Il est admirable!

Questions

1. Que nous révèle la grâce ?
   Elle nous révèle la nature parfaite de Dieu : Il est amour.

2. Quelle est la provision de la grâce ?
   a. Le pécheur repentant est restauré dans la communion avec son Père qui est aux cieux.
   b. Il est devenu un enfant adopté par Dieu.
   c. Il a accès auprès de son Père.

3. Dieu fait-il de discrimination dans sa grâce ?
   Non. Il l'offre à tous les hommes.

4. Comment l'obtenir ? Par le moyen de la foi.

5. Que peut-on attendre de cet enfant de Dieu ?
   a. Qu'il considère le prix payé pour son salut afin de ne pas le mépriser.
   b. Qu'il témoigne partout des bienfaits de Dieu.

Leçon 4
L'accomplissement de la Grâce

Textes pour la préparation : Mt.16 :21-23 ; 27 :13-14 ; Lu.9 :51 ; 23 :9 ; Jn.10 :16-18 ; 18 :8 ; 19 :30 ; Ro.3 :23 ; 6 :23
Versets à lire en classe : Ro.3 :21-26
Verset de mémoire : Mais il était blessé pour nos péchés, brisé pour nos iniquités. Es.53 :5a
Méthodes : Discours, discussions, comparaison, questions
But : Montrer la fidélité de Dieu manifestée jusqu'au bout pour nous sauver.

Introduction
Si Dieu nous sauvait à condition de lui rembourser la dette de notre libération, ne serions-nous pas tous éternellement insolvables ? Comment s'y prend-t-il pour nous décharger de ce fardeau ?

I. **Jésus prit fait et cause pour lui-même.**
 1. Le **fait** est que nous sommes tous condamnés. Le salaire du péché, c'est la mort. Ro.6 :23
 2. La **cause** est que nous avons hérité du péché d'Adam. Le péché est dans notre nature et nous prive tous de la gloire de Dieu. Ro.3 :23
 3. Jésus donne sa vie afin de la reprendre. Jn.10: 18

II. **Il écarte toute possibilité de se défendre.**
 1. Il annonce aux disciples les circonstances de sa mort et le jour de sa résurrection. Mt.16 :21
 2. Il repoussait Pierre qui a voulu le décourager d'aller à la croix. Mt. 16 : 22-23

3. A l'approche de cette heure, il prit résolument le chemin de Jérusalem, le lieu du sacrifice. Lu. 9 : 51
4. Quand les soldats voulurent mettre la main sur les disciples, il leur dit : « Si c'est moi que vous cherchez, c'est bien moi, laissez aller ceux-ci. » Jn.18 :8
5. Il garda le silence devant Hérode pour ne pas me trahir. Lu.23 :9
6. Il en fit autant devant Pilate. Mt.27 :13-14
7. A l'heure du trépas, il cria : « Tout est accompli. Autrement dit : « Mission accomplie.» Jn.19 :30

Conclusion

La mort du Sauveur est le prix de la grâce. Par conséquent nous vous prions de ne pas recevoir la grâce de Dieu en vain. 2Co.6 :1

Questions

1. Quel est le fait de notre condamnation ?
   Tous ont péché.

2. Quelle est la cause de notre condamnation?
   Nous portons le péché d'Adam dans notre nature.

3. Justifiez la détermination de Jésus-Christ pour nous sauver.
   a. Il ne cherchait pas à se défendre.
   b. Il annonce aux disciples toutes les scènes de sa mort et de sa résurrection.
   c. Il repoussait les avances de Pierre qui voulut l'en dissuader.

    d. Quand vient l'heure du sacrifice, il se rendit sans tarder à Jérusalem pour l'immolation.
    e. Il ne permit pas aux soldats d'arrêter un disciple à sa place.
    f. Il garda le silence devant Hérode et Pilate pour ne pas me trahir.
    g. Il cria « Tout est accompli » avant d'expirer.

4. Quel est donc le prix de la grâce ? La mort du Sauveur

5. Vrai ou faux
    a. On peut être sauvé par les dix commandements. __V__ F
    b. Dieu pouvait tuer un méchant à notre place pour nous sauver. _ V _ F
    c. Le salut est par grâce. _ V _ F
    d. Le pécheur doit l'obtenir par le moyen de la foi pour qu'il soit sauvé. __ V __ F

Leçon 5
Les dimensions de la Grâce

Textes pour la préparation : Mt.11 :28 ; Jn. 1 :16 ; 3 :16 ; 12 :32 ; Ac.2 :38 ; Ro.1 :16 ; 3 :23 ; 2Co.6 :1 ; Ep. 1 :4 ; 2 :1-6 ; 3 :13-21 ; Ti.2 :11
Verset à lire en classe : Ep.3 : 13-21
Verset de mémoire : Et nous avons reçu de sa plénitude et grâce sur grâce. Jn.1 :16
Méthodes: Discours, discussions, comparaison, questions
But : Présenter l'amour de Dieu pour le pécheur dans toute sa dimension à la croix du calvaire.

Introduction
Vous ne pourrez jamais connaitre toutes les dimensions de la grâce de Dieu, si vous n'allez pas à la croix. Là vous verrez sa longueur, sa largeur, sa hauteur et sa profondeur. Voyons :

I. **La longueur de la grâce.**
   1. La grâce s'étend d'éternité en éternité.
   2. Ainsi, avant notre chute, Dieu nous avait prévu Jésus-Christ comme parachute. Ep.1 :4

II. **Sa largeur**
   1. Elle est offerte à tous les hommes quelle que soit la gravité de sa faute. Ac.2 :38 ; Tit.2 :11
   2. Elle est offerte d'abord aux juifs. Ro. 1 :16 Puis aux païens, c'est-à-dire aux non-juifs. Jn.3 :16

III. **Sa profondeur.**
 1. La grâce vient nous chercher jusque dans le bas-fond corrompu de notre perdition. Sans gants aux mains ni masque au visage, Christ vint nous arracher des griffes de Satan.
 Ep.2 : 1-6
   a. Pour certains, il les prit dans le vodou, dans l'adoration des statues et dans la religion,
   b. dans les night-clubs et les casinos,
   c. dans la drogue et dans les ténèbres de l'ignorance. Il les arrache partout.
 2. Il n'a fait aucune distinction entre les péchés dits mortels ou véniel. Tous sont condamnés et doivent être sauvés seulement par grâce.
 Ro. 3 :23

IV. **Sa hauteur.**
 Elle nous élève jusqu'à la hauteur du Seigneur.
 Quand j'aurai été élevé de la terre, j'attirerai tous les hommes à moi. Jn.12 :32
 Depuis 2000 ans Christ vous attire. Ne soyez pas 2000 fois incrédule. Mt. 11 :28

Conclusion
Dépêchez-vous mon ami, avant que la porte de la grâce soit fermée. Ge.7 :16 ; Mt.25 :10-11

Questions

1. Où pouvons-nous trouver les dimensions de la grâce ? A la croix du calvaire

2. Quelle est la longueur de la grâce?
   Elle s'étend d'éternité en éternité.

3. Quelle est la largeur de la grâce ?
   Elle est offerte à tous les hommes sans distinction.

4. Quelle est la profondeur de la grâce ?
   Dieu vient nous chercher sans se ménager dans quelle que soit notre condition de pécheurs perdus.

5. Citez quelques endroits où il trouve le pécheur.
   Dans le vodou, la religion, les night-clubs, la drogue et dans les ténèbres de l'ignorance.

6. Quelle est la hauteur de la grâce ?
   a. Elle s'étend du ciel à la terre.
   b. Elle part du cœur de Dieu pour aboutir aux hommes ici-bas.

Leçon 6
Les bénéfices incalculables de la Grâce

Textes pour la préparation : Es.65 :24 ; Ro.8 :16 ; Jn.14 :3 ; Ep.1 :5, 13-21 ; 2 :18 ; 4 :24 ; 5 :25-33 ; He.1 :14 ; 1Jn.3 :2
Versets à lire en classe : 1Jn.3 :1-3
Verset de mémoire : Bien-aimés, nous sommes maintenant enfants de Dieu, et ce que nous serons n'a pas encore été manifesté, mais nous savons que, lorsque cela sera manifesté, nous serons semblables à lui, par ce que nous le verrons tel qu'il est. 1Jn.3 :2
Méthodes : Discours, discussions, comparaison, questions
But : Elever le chrétien à la dignité de fils devant son Père.

Introduction
Malgré son étendue, savez-vous que la grâce va plus loin que le pardon ? Voyons :

I. **Elle nous donne accès aux richesses insondables de Dieu.**
   1. Nous sommes maintenant enfants de Dieu. 1Jn.3 :2
   2. Comme enfants adoptés par Dieu et cohéritiers de Christ. Ro. 8 : 16 ; Ep. 1:5
      a. Nous sommes devenus des créatures nouvelles, «créées à son goût, justifiées par la foi, mises à part pour son service.» Ep. 4:24
      b. Nous sommes scellés du Saint Esprit, qui est à la fois un gage de notre héritage et la source de notre force. Ep. 1:13, 14

3. Nous avons « accès auprès du Père par un seul Esprit ». Ep. 2:18 ; 3:12
   a. Nous sommes devenus l'épouse de Christ. Ep. 5:25-33.
   b. Par la foi, nous les pécheurs indignes, nous avons une place réservée à côté de Christ dans le ciel. Jn.14 :3 ; Ep.1 :19-21 ; 2 :6
   c. Il met des anges à notre service. He.1 :14
   d. Il reçoit tous nos messages, nos télégrammes et nos demandes ne souffrent d'aucun retard. Es.65 :24

Conclusion
Dieu n'est ni notre beau-père ni notre grand-père. Il est notre Père. Il connait ses obligations envers nous. Il est bon et capable. Voulez-vous soigner votre relation avec lui ? Allez-y donc. Vous avez tout à gagner.

Questions

1. Que nous procure la grâce ?
   Les richesses insondables de Dieu.

2. Démontrez que la grâce va plus loin que le pardon
   En plus du pardon nous obtenons
   a. Le droit d'enfant légitime
   b. L'héritage de la vie éternelle
   c. Le sceau du Saint Esprit sur nous
   d. L'accès auprès du Père sans formalité.
   e. Une place auprès de Christ dans le ciel pour l'éternité.

3. Citez au moins trois autres privilèges du croyant conformément à cette grâce.
   a. Dieu exauce nos prières
   b. Dans les cas d'urgence, il nous exauce avant d'avoir achevé notre prière.
   c. Il met des anges à notre service.

Leçon 7
Les dons de Grâce et leur portée

Textes pour la préparation : Lu.15 :22 ; Jn.6 : 1-13 ; Ro.12 :8 ; Ep. 4 :11-13 ; 5 :15 ; 2Pi.1 :8 ; 1Co.12 :1-10
Versets à lire en classe : Ep.4 :11-13
Verset de mémoire : Car nous sommes son ouvrage, ayant été créé en Jésus-Christ pour de bonnes œuvres, que Dieu a préparées d'avance afin que nous les pratiquions. Ep.2 :10
Méthodes: Discours, discussions, comparaison, questions
But : Créer chez le sauvé la motivation pour servir Dieu avec ses dons.

Introduction
Dieu sauve le pécheur pour en faire son associé. Il doit donc lui donner des instructions en conséquence.

I. **D'abord Il l'habille**
   1. Avec le manteau de grâce et de justice. Lu.15 : 22
   2. Avec au doigt l'anneau de réconciliation et de pardon. Lu.15 : 22
   3. Avec des chaussures de zèle. Ep. 6 : 15
   4. Ainsi le vrai chrétien est prêt à servir. 2Pi.1 :8

II. **Puis, Il l'équipe de tous les dons nécessaires.** 1Co.12 :7. Ce sont :
   1. La sagesse et l'exhortation. Ro.12 : 8 ; 1Co.12 : 8
   2. La connaissance. 1Co.12 :8
   3. La foi. 1Co.8 :9
   4. Le don de guérison. 1Co.12 :9

5. Le don d'opérer des miracles. 1Co.12 :10
6. Le don de prophétie. 1Co.12 :10
7. Le don du raisonnement sûr. 1Co.12 :10
8. Le don des langues. 1Co.12 :10
9. Le don d'interpréter les langues. 1Co.12 :10
10. Le don de secourir, d'exercer la miséricorde. Ro.12 : 8 ; 1Co.12 : 28
11. Le don de diriger. Ro.12 : 8 ; 1Co.12 :28
12. Le don de donner. Ro.12 : 8

Ces douze dons font penser aux douze paniers qui restaient après la multiplication des pains. Jn.6 : 13
C'est de ces réserves que va se nourrir l'Eglise du Seigneur. Jn.6 :12 ; Ep.4 :12

III. **Enfin Il l'envoie.**
1. Comme missionnaire ou ambassadeur. Ep.4 : 11
2. Comme prophète. Ep.4 : 11
3. Comme évangéliste. Ep.4 :11
4. Comme pasteur. Ep.4 :11
5. Comme docteur. Ep.4 :11

Ces cinq ministères ne font-ils pas penser aux cinq pains du miracle de la multiplication des pains. Vous devez **vous distribuer** sur le champ pour sauver les âmes affamées. Les deux poissons représentent d'un côté, **les juifs** et d'un autre côté, **les païens** à gagner pour le Seigneur.

Conclusion
Avec ces dons, qui peut rester inactif ?

Questions

1. Pourquoi Dieu nous sauve-t-il ? Pour le servir
2. Qu'est-ce-qu'il fait d'abord au croyant ?
   Il l'habille.
3. Donnez les détails de cet habillement
   a. Il le revêt du manteau de grâce et de justice
   b. Il lui passe au doigt l'anneau de la réconciliation
   c. Il lui met au pied le zèle que donne l'Evangile de paix.
4. Comment concevoir un chrétien paresseux ?
   C'est incroyable
5. Citez au moins six des dons que Dieu lui accorde.
   Le don de connaissance, de foi, de guérison, de diriger, de donner et d'exhorter
6. A quoi les douze dons font-ils penser ?
   Aux douze paniers de réserve après le miracle de la multiplication des pains.
7. Quels sont les titres possibles que confèrent ces dons ?
   Prophète, ambassadeur, pasteur, docteur, évangéliste
8. A quoi ces ministères font-ils penser ?
   a. Aux cinq pains du miracle de la multiplication des pains.
   b. Nous devons nous distribuer sur le champ pour sauver les âmes.
9. A quoi les deux poissons font-ils penser ?
   Aux juifs et aux païens à gagner pour Christ.

Leçon 8
La grâce, une ration quotidienne

Textes pour la préparation : Es. 54 :15-17 ; Ps. 7 :16 ; 34 :8 ; Lam.3 :22-23 ; Mt.4 : 4 ; Jn.16 :13 ; Ro.8 :26 ; 1Co.15 :10 ; 2Co.6 :1 ; He.4 :16 ; 1Jn.2 :1
Versets à lire en classe : Ph.4 :4-6
Verset de mémoire : Et mon Dieu pourvoira a tous vos besoins selon les richesses de sa grâce. Ph.4 :19
Méthodes : Discours, discussions, comparaison, questions
But: Rassurer les chrétiens sur les promesses de Dieu.

Introduction
Depuis le jour de notre conversion, Jésus sait très bien que nous ne sommes plus sur notre territoire. C'est pourquoi il renouvelle sa grâce envers nous chaque matin. Lam. 3 :22-23

I. **Il manifeste sa grâce par sa présence continuelle sur le terrain.** Pourquoi ?
  1. Pour nous arracher au danger. Ps.34 :8
  2. Pour nous délivrer des pièges tendus sous nos pas. Ps.7 :16
  3. Pour nous délivrer des complots formés contre nous. Es.54 : 15-17
  4. Pour nourrir notre esprit, notre âme et notre corps. Mt.4 :4
  5. Pour nous conduire dans toute la vérité. Jn.16 : 13

II. **Il manifeste sa grâce par la réponse à nos prières**
 1. C'est une grâce que le Saint-Esprit interprète nos prières pour les présenter dans le format que le ciel réclame. Ro.8 : 26
 2. C'est une grâce que nous pouvons nous approcher « avec assurance du trône de la grâce, afin d'obtenir miséricorde et de trouver grâce pour être secourus dans nos besoins. » Héb. 4:16
 3. C'est une grâce d'avoir Jésus comme avocat pour plaider notre cause. 1 Jean 2:1

III. **Il manifeste sa grâce en faisant de nous ses associés.**
 Nous travaillons avec Dieu. 2Co.6 :1
 Paul dira : « j'ai travaillé beaucoup plus qu'eux tous, non pas moi toutefois, mais la grâce de Dieu qui est avec moi » 1 Cor. 15:10

Conclusion
Que chaque jour nous renouvelions notre contrat d'amitié avec ce Dieu d'amour et de ferveur.

Questions

1. Pourquoi Jésus nous accompagne-t-il chaque jour après notre conversion ?
   Parce que nous ne sommes plus sur notre territoire.

2. Quel est son rôle à nos côtés ?
   a. Il nous protège du danger, des pièges tendus sous nos pas
   b. Il nourrit notre esprit, notre âme et notre corps.

3. Comment nous manifeste-t-il sa grâce ?
   a. Il exauce nos prières. Le Saint-Esprit est à notre disposition pour les traduire devant Dieu.
   b. Jésus intercède pour nous pour que notre demande soit agréée.

4. Comment Jésus se comporte-t-il à notre endroit dans son service?
   Il fait de nous ses associés.

5. Vrai ou faux
a. On peut tout faire sans la grâce de Dieu. _ V_ F
b. On doit prier pour obtenir sa grâce. _ V _ F
c. On doit prier sans cesse pour conserver l'amitié avec Dieu. _ V _ F

Leçon 9
Les propriétés de la Grâce

Textes pour la préparation : Jn.8 :24 ; Ac. 9:15 ; 14 :15 ; 21: 39 ; 22 :3, 25 ; Ro.12 :3 ; Ga.2 :20 ; Ph.3: 4-6
Versets à lire en classe : 2Co.12 : 5-10
Verset de mémoire : Et il m'a dit : « Ma grâce te suffit, car ma puissance s'accomplit dans la faiblesse ». 2Co.12 : 9a
Méthodes: Discours, discussions, comparaison, questions
But : Etablir la supériorité de la grâce sur la Loi.

Introduction

La Loi mosaïque apportait aux juifs des bénédictions matérielles, mais Moïse ne pouvait leur dire : « Ma Loi te suffit ». La Grâce vient avec des bénédictions spirituelles. Pourquoi Jésus disait-il à Paul : « Ma grâce te suffit ? »

I. **Il voulait dépouiller Paul.**
   1. De son orgueil. Ph.3 :4-6
      a. Orgueil de suprématie raciale. Ph.3 :5
      b. Orgueil d'origine. Ac.21 :39
      c. Orgueil de nationalité. Ac.22 :25
      d. Orgueil d'intellectuel. Ac.22 :3
      e. Orgueil de bigoterie religieuse. Ph.3 :6
      f. Jésus réduisit le grand Saul au petit Paul. Ac.9 : 1-2
      Après ses expériences avec Christ, il considère ces choses comme de la boue. Ph.3 :7-8

II. **Il voulait le former pour son œuvre.**
   1. « J'ai choisi dit-il, cet instrument pour prêcher aux rois, aux nations, et aux juifs. Je vais l'utiliser à ma façon et je lui ferai même souffrir pour mon nom. Ac.9 :15
   2. Dans sa soumission totale au Seigneur, il dira : « Et maintenant, si je vis, ce n'est plus moi qui vis, mais c'est Christ qui vit en moi ». Ga.2 :20

III. **Partant, Il veut utiliser nos points faibles pour sa gloire.**
   Pour cela, il faut trois conditions :
   1. La première : la foi en Jésus comme notre seul Seigneur et Sauveur. Jn.8 :24
   2. La deuxième: l'humilité pour accepter que nous ne sommes pas plus que les autres. Ac.14 :15 ; Ro.12 :3
   3. La troisième : Que nous soyons dociles et faibles entre ses mains.

Conclusion

Dieu a réduit Paul, un arrogant, en un homme faible pour l'utiliser. Attendez-vous plus que la grâce pour servir Jésus et souffrir pour lui ?

Questions

1. Quelles étaient les provisions de la Loi Mosaïque ?
   Des bénédictions matérielles

2. Quelles sont les provisions de la grâce ?
   Des bénédictions spirituelles

3. Pourquoi Jésus disait-il à Paul :
   «Ma grâce te suffit ?»
   Parce qu'elle confère tout pour son bien-être.

4. Qu'est-ce-que Paul avait de trop ?
   L'orgueil de nom, de race, de religion, de citoyen romain et de diplômé d'université

5. Comment les considère-t-il après sa conversion ?
   Comme de la boue.

6. Pourquoi Jésus les lui enlève-t-il?
   Parce qu'il n'avait pas besoin de boue pour son service.

7. A quel point était-il réduit ?
   A dire que ce n'est plus lui qui vit mais c'est Christ qui vit en lui.

8. Quel est le but de Dieu ?
   Utiliser nos points faibles pour qu'il soit glorifié.

9. Que veut dire Saul en hébreux? Grand

10. Que veut dire Paul en hébreux ? Petit

Leçon 10
Les enseignements de la grâce

Textes pour la préparation : Ps.1 :1-3 ; Mt.4 :4 ; 5 : 16, 33 ; Ro.12 :1-3 ; 2Co.5 :17 ; Ga.2 :20 ; Ep.5 :2-4 ; Ph.1 :29 ; 1Ti.3 :8 ; Ti.2 :12-13 ; 1Pi. 1 :15 ; 5 :8
Versets à lire en classe : Ga.2 :20-21
Verset de mémoire : Si quelqu'un est en Christ, il est une nouvelle créature. Les choses anciennes sont passées ; voici toutes choses sont devenues nouvelles. 2Co.5 :17
Méthodes : Discours, discussions, comparaison, questions
But : Développer la qualité de l'éducation en Jésus-Christ

Introduction
La grâce s'ouvre avec une école pour tous, juifs et païens, pour que tous aient accès aux provisions de la nouvelle dispensation. Mt.11 :28
Elle nous enseigne :

I. **D'abord, la séparation du monde.**
 1. En fuyant l'impiété et les convoitises charnelles pour vivre dans le siècle présent selon la sagesse, la justice et la piété. Ti.2 :12-13
 2. En fuyant le dieu des richesses. Mt.6 :24
 3. En fuyant les amitiés compromettantes: Ps.1 :1 ; 1Jn.2 :15

II. **Puis, l'humilité.**
 1. En refusant d'avoir une trop haute opinion de nous-mêmes. Ro. 12 : 3
 2. En vivant dans la sobriété. Lu.21 :34 ; 1Pi.5 :8

3. En renonçant aux dépenses inutiles. 1Pi.5 :8
4. En renonçant à la fraude, à certaines modes à cause du nom de Jésus-Christ. Ro.12 : 2

III. **Enfin, la consécration totale au Seigneur.**
1. En renonçant à nous-mêmes en nous livrant totalement au Seigneur. Ga.2 :20
2. En acceptant de vivre et de souffrir pour Christ et de vivre selon sa parole.
Mt.4 :4 ; Phil.1 :29
En d'autres termes :
   a. On renonce au mensonge, aux mauvaises paroles et à la mauvaise conduite. Ep.5 :2-4
   b. On renonce à la contrebande et à la fraude. 1Ti.3 :8
   c. On respecte ses engagements envers Dieu et envers les hommes. Mt.5 :33
   d. On veille sur son âme en évitant des programmes mondains sur l'internet, à la radio ou à la télévision. 1Pi.1 :15

Conclusion
Que votre lumière luise devant les hommes afin qu'ils voient vos bonnes œuvres et qu'ils glorifient votre Père qui est dans les cieux. Mt. 5 : 16

Questions
1. Pourquoi la grâce s'ouvre-t-elle avec une école ?
   Pour que tous aient accès aux provisions de la nouvelle dispensation.
2. Que nous enseigne la grâce ?
   Elle nous enseigne la séparation du monde, l'humilité et la consécration totale au Seigneur.

3. Comment pouvons-nous nous séparer du monde ?
   a. Nous devons renoncer à nous-mêmes, aux désirs du vieil homme.
   b. Nous devons renoncer aux relations compromettantes, aux convoitises charnelles et à l'impiété.
4. Comment pouvons-nous vivre dans l'humilité?
   a. En refusant d'avoir une trop haute opinion de nous-mêmes.
   b. En vivant dans la sobriété
   c. En renonçant aux dépenses inutiles
   d. En vivant selon nos moyens
   e. En renonçant à la fraude, aux attraits mondains
   f. En renonçant aux excès dans le boire et le manger.
5. Comment vivre dans la consécration totale au Seigneur ?
   a. En acceptant de vivre d'après la Parole de Dieu et de souffrir pour le Seigneur.
   b. En évitant de dire de mauvaises paroles
   c. En surveillant notre conduite.
   d. En respectant nos engagements envers Dieu et envers les hommes
   e. En renonçant à la fraude et à la contrebande.
   f. En veillant sur notre âme par le rejet des programmes à l'internet, à la radio ou à la Télévision qui sont de nature à salir notre âme.
6. Qu'est-ce-que Christ attend de nous ?
   Que notre lumière luise devant les hommes pour les porter à donner gloire à Dieu.

Leçon 11
La Grâce et la Loi

Textes pour la préparation : Ge.17 :8 ; De. 28 :1-3 ; 33 :4 ; Ps.1 :2-3 ; Mt.9 :11 ; Lu.5 :20 ; 23 :34 ; Jn.1 :17 ; 5 :24 ; 8 :11 ; 19 :30 ; Ro.8 :1, 14-17 ; Ep.2 :11-18
Versets à lire en classe : Ep.2 :11-18
Verset de mémoire : Car la Loi a été donnée par Moise, la grâce et la vérité sont venues par Jésus-Christ. Jn.1 : 17
Méthodes : Discours, discussions, comparaison, questions
But : Stimuler les chrétiens à l'envie de glorifier Dieu à cause de la dispensation de la grâce.

Introduction
" La Loi a été donnée par Moïse, mais la Grâce et la vérité sont venues par Jésus-Christ " Jean 1 :17.
Par cette déclaration Dieu offre la vie éternelle aux juifs et au monde entier. Faisons une comparaison :

I. **D'abord, en quoi consistaient les provisions de la Loi ?**
   1. Elles concernaient seulement les juifs. De.33 :4
   2. Elles prévoyaient des bénédictions matérielles pour ceux qui l'observent. Ps.1 : 2-3
   3. Elles promettaient la victoire sur les ennemis d'Israël. De.28 :1-3
   4. Elles offraient la Terre promise à Israël, les descendants d'Abraham. Ge.17 :8

II. **Mais comment la grâce fonctionne-t-elle ?**
   1. Elle offre le pardon comme premier soin d'urgence aux pécheurs :

    a. Elle pardonne au paralytique avant de le guérir: Lu.5 :20
    b. Elle met de côté le jugement pour pardonner à la femme adultère. Jn.8 : 11
2. Elle détruit les préjugés pour entrer chez les publicains, les gens de mauvaise vie et les païens en vue de leur apporter le salut. Mt.9 :11 ; Ep. 2 :11-17
    a. Elle pardonne aux larrons sur la croix et à toute la foule au pied du Calvaire sans condition. Lu.23 :34
    b. Elle va jusqu'au bout : « Tout est accompli » Jn.19 :30
    c. Elle enlève totalement la condamnation sur les pécheurs repentants. Ro.8 :1
3. Elle pourvoit un acte d'adoption pour tous en Jésus-Christ. Ro.8 : 14-17
4. Elle ouvre le Canaan Céleste à eux tous. Jn.5 :24

Conclusion

Imaginez combien vous auriez dû payer pour avoir la vie éternelle. Trop de calcul mon cher ! Acceptez le salut par grâce ! C'est un don de Dieu !

Questions

1. Quelles étaient les provisions de la Loi ?
   a. Elle concernait seulement les juifs.
   b. Elle prévoyait des bénédictions matérielles.
   c. Elle assurait la victoire sur les ennemis d'Israël.
   d. Elle offrait La Terre Promise aux descendants d'Abraham.

2. Comment la grâce fonctionne-t-elle ?
   a. Elle offre le pardon comme premier soin au pécheur.
   b. Elle pardonne au pécheur avant d'appliquer la guérison physique.
   c. Elle sauve l'âme de la femme adultère au lieu d'appliquer un jugement de condamnation.
   d. Elle attaque les préjugés des pharisiens contre les publicains et les gens de mauvaise vie.
   e. Elle pardonne aux plus vils criminels.
   f. La grâce pourvoit un acte d'adoption pour tous les croyants.
   g. La grâce ouvre le ciel à tous les cœurs repentants.
   h. Rien ne manque dans la grâce : « Tout est accompli. »

Leçon 12
La grâce et la miséricorde

Textes pour la préparation: Lu.10 :25-37 ; Ro.5 :20 ; Ep.2 :8-10
Versets à lire en classe : Lu.10 :25-37
Verset de mémoire : Et Jésus lui dit : Va, et toi, fais de même. Lu.10 :37b
Méthodes : Discours, discussions, comparaison, questions
But: Montrer comment Jésus n'a pas peur de dépenser pour sauver le plus vil pécheur.

Introduction
Quand la Grâce va plus loin que le pardon, elle s'appelle Miséricorde. Voyons comment fonctionnent ces vertus.

I. La grâce est obtenue par le moyen de la foi.
1. Elle est accordée sans tenir compte du nombre de péchés commis par le coupable. Là où le péché a abondé, la grâce a surabondé. Ro.5 :20
2. Elle suffit pour le salut et s'obtient par la foi. Ep.2 :8

II. La miséricorde s'exerce sans la participation ni le consentement de la victime.
1. Le blessé sur la route de Jéricho n'était pas conscient de son état puisqu'il était laissé à demi-mort. Lu.10 : 30
2. Le lévite, symbole des rites et des cérémonies, ne pouvait le sauver. Lu.10 : 32
3. Le sacrificateur symbole de la Loi de Moïse, ne pouvait non plus le sauver. Lu.10 :31

4. Le bon Samaritain qui représentait Jésus-Christ, n'avait pas demandé au blessé s'il voulait être sauvé. Lu.10 :34-35
   a. Dès le premier jour, Il lui appliqua les premiers soins et l'amena à l'hôpital. Lu.10 : 34
   b. Le deuxième jour, il versa un avaloir sur les frais d'hospitalisation. Lu.10 :35
   c. Il promet à son retour de payer la balance due s'il y en a.

Voilà la miséricorde. Jésus nous sauve par son sang précieux. C'était notre premier jour.
Il nous remet à l'hôpital du Saint Esprit pour nous conduire dans toute la vérité. Nous sommes maintenant dans notre deuxième jour. Jn.16 : 13
Il reviendra pour enlever l'Eglise. C'est le troisième jour que tous nous attendons. Mt.25 :13
La grâce et la miséricorde se complètent pour notre salut.

Conclusion
Allons et faisons de même à l'égard des perdus.

Questions

1. Comment s'obtient la grâce ? Par la foi.
2. Comment s'obtient la miséricorde? Sans condition
3. Combien de bonnes œuvres qu'il faut pratiquer pour obtenir la grâce de Dieu ? Aucune
4. Combien le blessé avait-il payé pour son salut ? Rien
5. Que représentaient le sacrificateur, le Lévite et le Samaritain.
   a. Le sacrificateur symbolisait les sacrifices qui ne pouvaient nous sauver.
   b. Le lévite représentait les rites et les cérémonies qui ne pouvaient nous sauver.
   c. Le samaritain représente Jésus qui vient nous sauver gratuitement.
6. Que représente les trois jours dans la vie du blessé ?
   a. Le premier jour tient pour le jour de notre conversion.
   b. Le deuxième jour tient pour nos soins appliqués à l'hôpital du Saint-Esprit.
   c. Le troisième jour qui n'arrive pas encore est le retour du Seigneur pour l'enlèvement de l'Eglise.
7. Que bénéficions-nous de Christ ?
   Sa grâce et sa miséricorde.
8. Que nous recommande-t-il ?
   D'exercer la miséricorde envers nos prochains.

Récapitulation des versets

1. Car c'est par la grâce que vous êtes sauvés, par le moyen de la foi. Et cela ne vient pas de vous, c'est le don de Dieu. Ep.2 :8

2. Mais Dieu prouve son amour envers nous, en ce que, lorsque nous étions encore des pécheurs, Christ est mort pour nous. Ro.5 :8

3. Ils sont gratuitement justifiés par sa grâce, par le moyen de la rédemption qui est en Jésus-Christ. Ro. 3 :24

4. Mais il était blessé pour nos péchés, brisé pour nos iniquités. Es.53 :5a

5. Et nous avons reçu de sa plénitude et grâce sur grâce. Jn.1 :16

6. Bien-aimés, nous sommes maintenant enfants de Dieu, et ce que nous serons n'a pas encore été manifesté, mais nous savons que, lorsque cela sera manifesté, nous serons semblables à lui, par ce que nous le verrons tel qu'il est.1Jn.3 :2

7. Car nous sommes son ouvrage, ayant été créé en Jésus-Christ pour de bonnes œuvres, que Dieu a préparées d'avance afin que nous les pratiquions. Ep.2 :10

8. Et mon Dieu pourvoira à tous vos besoins selon les richesses de sa grâce. Ph.4 :19

9. Et il m'a dit : « Ma grâce te suffit, car ma puissance s'accomplit dans la faiblesse ».
    2Co.12 : 9a

10. Si quelqu'un est en Christ, il est une nouvelle créature. Les choses anciennes sont passées ; voici toutes choses sont devenues nouvelles.
    2Co.5 :17

11. Car la Loi a été donnée par Moise, la grâce et la vérité sont venues par Jésus-Christ. Jn.1 :17

12. Et Jésus lui dit : Va, et toi, fais de même.
    Lu.10 :37b

Feuille d'évaluation

1. Quelle est votre impression générale de cette série ?_____

_____
_____
_____

2. Qu'est-ce-qui vous en a le plus marqué ?

_____
_____
_____

3. Quel engagement voulez-vous prendre à partir d'aujourd'hui pour servir le Seigneur?_____

_____
_____
_____

Torche Brûlante15-Série 3

Au milieu des bêtes sauvages

Avant-propos
L'expérience de Jésus-Christ dans le Désert de Judée, au seuil de son ministère, doit attirer notre attention. Tandis qu'il y était maintes fois tenté par le Diable, il devait vivre au milieu des bêtes sauvages pendant quarante jours et quarante nuits. Mc.1 :13
Pourquoi une telle atmosphère lui était-elle imposée? Ne nous offre-t-elle pas un tableau de notre propre situation dans la vie?
Sinon, comment justifier « qu'il a été tenté comme nous en toutes choses sans commettre de péché? » He.4 :15b
Béni soit l'Eternel pour notre victoire à travers Jésus-Christ, le dompteur des bêtes sauvages !

Pasteur Renaut Pierre-Louis

Leçon 1
Jésus au milieu des bêtes sauvages

Textes pour la préparation : Mt.6 :13 ; 28 :19-20 ; Mc.1 : 1-13 ; Lu.4 :1-13 ; 1Co.6 :19-20 ; 10 :13 ; 15 :45-47 ; Ga.2 :20 ; He.4 :15
Versets à lire en classe : Mc.1 : 9-13
Verset de mémoire : Alors, Jésus fut emmené par l'Esprit dans le désert pour être tenté par le Diable. Mt.4 :1
Méthodes : Discussion, comparaisons, questions
But : Présenter les premières conditions à remplir pour mener la vie chrétienne.

Introduction
Immédiatement après son baptême, l'Esprit poussa Jésus dans le désert pour subir un test devant Satan encadré de bêtes sauvages. L'expérience devait durer un mois et dix jours.

I. **Pourquoi cette ambiance?**
C'était un examen obligatoire que l'Esprit a préparé pour Jésus. Sans plume ni papier, il devait composer. Mc.1 : 12
1. Il devait démontrer qu'il est vraiment le Fils bien-aimé de Dieu. Mc.1 :11
2. Il devait être un exemple depuis son baptême jusqu'au Calvaire. Autrement, il ne pourra pas dire : « Je suis le chemin », c'est-à-dire un exemple à imiter. Et depuis lors, celui qui croit doit aussi être baptisé. Mt.28 :19
   a. Ainsi tous les trucs de Satan pour le séduire devraient être sans effet. Mc.1 :12-13

    b. Toutes les bêtes sauvages, y compris le serpent ne devraient le vaincre, lui le dernier Adam. 1Co.15 : 45-47
    c. Il devrait démontrer qu'il peut être tenté comme nous en toutes choses sans commettre de péché. He.4 :15
    d. S'il échoue dans ces examens, il ne sera pas qualifié comme Messie.

III. **Ce qui nous attend**
1. Après notre baptême, nous devons nous attendre aussi à des épreuves.
    a. Ce sera notre examen d'entrée dans la vie chrétienne.
    b. Nous serons aussi tentés. Cependant, pour ne pas succomber à la tentation, le Seigneur doit venir à notre secours. Mt. 6 : 13 ; 1Co.10 :13
    c. Il prouvera alors qu'il vit en nous. 1Co.6 :19-20 ; Ga.2 :20

Conclusion
Satan reviendra sous d'autres formes pour attaquer le Seigneur, mais il était prêt. Nous aussi, soyons prêts. Lu.4 :13

Questions

1. Quand et pourquoi Jésus-fut-il amené dans le désert ?
    a. Quand ? Immédiatement après son baptême
       Pourquoi ?
    b. Pour subir un examen devant Satan le Diable
    c. Pour justifier sa filiation divine
    d. Pour réussir là où le premier Adam a échoué
    e. Pour nous montrer comment ne pas succomber à la tentation

2. Qu'arriverait-il s'il avait échoué ?
    a. Il ne serait pas qualifié comme Messie.
    b. Nous serions encore dans nos péchés.

3. Que devons-nous attendre après notre baptême et pourquoi?
    Nous devons nous attendre aussi à des épreuves.
    a. Pour notre qualification comme chrétien
    b. Pour donner la preuve que Jésus-Christ vit en nous.

4. Qui était avec Jésus dans le Désert? Des anges

5. Qu'est-ce qui doit nous rassurer ?
    Dieu enverra des anges pour nous servir.

6. Vrai ou faux
    a. Jésus a vu Satan en esprit. __ V __F
    b. Jésus avait des anges pour le fortifier. _ V__ F
    c. Jésus avait un lunch chaque jour. _ V _F
    d. Satan ne reviendra jamais pour le nuire._ V__F

Leçon 2
Les bêtes sauvages dans le désert

Textes pour la préparation : Ge.1 :28 ; 2 :18 ; 27 :14-22 ; Jo.2 :1-2 ; 2S. 11 :2-5 ; Mt.1 :1-12 ; 4 :4 ; 15 :10-20 ; Mc.1 :1-13
Versets à lire en classe : Mc. 1 : 9-13
Verset de mémoire : Soyez féconds, multipliez remplissez la terre et assujettissez-la ; et dominez sur les poissons de la mer, sur les oiseaux du ciel et sur tout animal qui se meut sur la terre. Ge.1 :28
Méthodes : Discours, comparaisons, questions
But : Montrer comment on peut se protéger des bêtes sauvages.

Introduction
Dès qu'on parle de bêtes sauvages, on voit une forêt animée et contrôlée par une immense population d'êtres redoutables. Si vous êtes sur leur territoire, qu'allez-vous faire pour vous en protéger?

I. **D'abord, un fait est certain**
Dieu vous donne droit de les dominer. Ge. 1 :28 Jésus les a créées. Le Diable le sait. Il voulut seulement se rassurer que cet homme qui vient d'être baptisé est vraiment le Fils de Dieu. Mc.1 :12

II. **Ensuite, vous devez vous en garder:**
Généralement, les bêtes sauvages attendent le moment propice pour vous attaquer.
1. *Dans la vie ordinaire:*
   a. On érige une clôture autour de sa propriété.

b. On se pourvoit des chiens de garde à défaut de sentinelles pour renforcer le dispositif de sécurité.
c. Ces jours-ci on utilise des caméras de surveillance.
2. *Dans la vie spirituelle :*
Les bêtes sauvages représentent nos tendances naturelles. Mt.15 :11
Jésus en avait aussi dans ses veines :
   a. Le sang de Rahab, une prostituée professionnelle. Jo.2 :1-2 ; Mt.1 :5
   b. Le sang de Jacob un menteur professionnel. Ge.27 :14-22 ; Mt.1 :2
   c. Le sang de David criminel et adultère. 2S.11 : 2-5,15 ; Mt.1 :5-6

I. Ce qu'il vous faut savoir :

Les précautions naturelles ne peuvent, en aucune façon, impressionner Satan ni vous préserver de toute chute. Il vous attaquera :
1. Quand vous êtes seul. Ge.2 :18
2. Quand vous négligez de prier ou de méditer la parole. Mt.4 :4

Conclusion

Si vous voulez vivre ici-bas en sécurité, restez auprès de Jésus.

Questions

1. A quoi font penser les bêtes sauvages ? A une forêt animée et contrôlée par des êtres redoutables

2. Quel intérêt le Diable avait-il pour tester Jésus ? Pour confirmer qu'il est vraiment le Fils de Dieu.

3. Quels genres de sécurité qui n'impressionnent pas le Diable ? Les clôtures, les chiens de garde, les caméras de surveillance

4. Où peut-on trouver les vraies bêtes sauvages ? Dans notre cœur.

5. Comment Jésus en avait-il dans son sang ? Il descendait de Rahab, une prostituée, de David un criminel et adultère, de Jacob un menteur.

6. Quel est le moment propice pour Satan de nous attaquer ?
   a. Quand nous sommes seuls.
   b. Quand nous négligeons de prier et de méditer la parole de Dieu.

7. Que faire pour vivre en sécurité ici-bas ? Rester auprès de Jésus.

Leçon 3
La manifestation des bêtes sauvages

Textes pour la préparation : 1R.21 : 1-4,7 ; Es.39 :2 ; 49 :16 ; Ph.3 :19 ; 1Jn.2 :15-17 ; Ap.21 :9-12
Versets à lire en classe : 1Jn.2 :15-7
Verset de mémoire : N'aimez point le monde ni les choses qui sont dans le monde. Si quelqu'un aime le monde, l'amour du Père n'est point en lui.1Jn.2 :15
Méthodes : Discours, comparaisons, questions
But : Apporter les chrétiens à se détacher des choses de ce monde pour mieux servir Dieu.

Introduction
Les bêtes sauvages ont un lieu et une heure propice pour leur manifestation. *Nous en avons qui dorment dans notre subconscient.* Elles se réveilleront à la faveur des circonstances. Et les voici :

I. **La convoitise des yeux**
   1. Quand on veut attirer l'attention sur soi en affichant les premières modes. 1Jn.2 :16-17
   2. Quand la vanité nous pousse à exposer notre chair pour attirer l'attention sur nous.

II. **La convoitise de la chair**
   1. C'est le désir immodéré de posséder à tout prix, des biens matériels.
   2. Ils détruisent en nous l'amour pour Dieu et le prochain.
   3. Paul dira des gens charnels qu'ils ont pour dieu leur ventre. Ph.3 :19
   4. Jérémie dira : Semblables à des chevaux bien nourris, qui courent çà et là, Ils hennissent

chacun après la femme de son prochain.
Je.5 :8

III. **L'orgueil de la vie**
1. On est en quête de pouvoir, de renommée et de gloire. On veut être flatté.
2. On invite sans cesse des amis à des festins en vue de dévoiler ses richesses. Es.39 :2
3. On s'ennuie avec le voisinage d'un petit Naboth dont il faut se débarrasser. 1R.21 : 1-4,7

IV. **Notre garantie**
1. Sachez que Dieu élève une muraille autour de son peuple et le couvre aussi de sa main droite. Ps.121 : 5 ; 125 :2 ; Es.49 :16
2. Pour nous rassurer, il nous dresse cette même muraille dans la nouvelle Jérusalem. Ap. 21 :12

Conclusion
Toutes ces bêtes sauvages sommeillent en nous. Un rien peut les réveiller et les agiter contre nous. Je vous conseillerais encore de rester près de Jésus.

Questions

1. Comment les bêtes sauvages opèrent-elles?
   Il leur faut un lieu et une heure propice.

2. Comment se manifestent-elles en nous ?
   Par la convoitise des yeux et de la chair, par l'orgueil de la vie.

3. Qu'est-ce que Dieu a fait pour nous en garder ?
   a. Il élève autour de nous une muraille de protection.
   b. Avec sa main droite, Il jette une ombre sur nous.

4. Jusqu'où va tenir cette muraille ?
   Même dans la nouvelle Jérusalem, notre habitation céleste.

5. Vrai ou faux
   a. On peut regarder une chose sans pécher pour autant __ V_ F
   b. On peut posséder des biens sans être vaniteux pour autant. _ V _F
   c. On peut être apprécié sans s'enorgueillir pour autant. _ V _ F
   d. On doit acheter une clôture pour protéger son âme. _ V _ F
   e. Je peux me protéger moi-même de toute chute. __V __ F

Leçon 4
La personnification des bêtes sauvages

Textes pour la préparation : Ge.3 :1-5 ; Pr. 26 :14 ; 29 :5 ; Da.3 :22 ; Mt. 6 :15 ; 15 :10-20 ; Lu.21 :34 ; Ro.7 :15-25 ; 12 :3-9 ; 14 :23 ; 1Th.5 :23-24 ; Ju.24
Versets à lire en classe : Mt.15 :16-20
Verset de mémoire : Car c'est du dedans que viennent les mauvaises pensées, les meurtres, les adultères, les débauches, les vols, les faux témoignages, les calomnies. Mt.15 :19
Méthodes : Discours, comparaisons, questions
But : Montrer comment l'attitude des bêtes sauvages peut apparaître dans notre comportement.

Introduction
« L'homme n'est ni ange ni bête » dit Pascal. Il est les deux à la fois. Pour votre édification, voyons les bêtes qui sont en nous.

I. **Les voici** :
1. Quand nous mentons ou médisons sur nos frères c'est **le Serpent** qui siffle en nous. Ge.3 :4-5
2. Quand nous mangeons trop c'est **le Porc** qui grogne en nous. Lu.21 :34
3. Quand nous agissons avec brutalité et méchanceté c'est **le Tigre** qui gronde en nous. Da.3 :21-22
4. Quand nous refusons de pardonner c'est **l'Eléphant** qui barrit en nous. Mt.6 : 15
5. Quand nous sommes dominés par la vanité c'est **le Paon** qui braille en nous. Ro.12 :3

6. Quand nous agissons par flatterie c'est **le Renard** qui jappe en nous. Pr.29 :5
7. Quand nous avons une trop haute opinion de nous-mêmes, c'est **le crapaud** qui se gonfle en nous. Ro.12 :3
8. Quand nous sommes hypocrites envers nos bienfaiteurs, c'est **le Chat** qui miaule en nous. Ro.12 :9
9. Et quand nous agissons avec paresse et négligence, c'est **la Tortue** qui rampe en nous. Pr.26 :14

Quand l'apôtre Paul dit: « Je ne fais pas le bien que je veux, et je fais le mal que je ne veux pas », il prouve que certaines de ces bêtes sauvages agissent dans son cœur. Ro. 7 :19

II. **Comment les chasser de nos cœurs ?**
1. Il faut s'adresser à Jésus. Ro. 7 : 24-25a
   a. Il peut nous préserver de toute chute. Ju.24
   b. Il peut sanctifier notre être tout entier : l'esprit, l'âme et le corps. 1Th.5 : 23-24
2. Il faut être un chrétien de conviction. Ro.14 :23

Conclusion
La victoire de Jésus sur nos faiblesses prouve son amour et sa fidélité. Restons près de lui.

Questions

1. Quel animal règne en nous
   a. Quand nous mentons ? Le serpent
   b. Quand nous mangeons trop ? Le porc
   c. Quand nous grondons de colère? Le tigre
   d. Quand nous ne pardonnons pas? L'éléphant
   e. Quand nous flattons les hommes ? Le renard
   f. Quand nous paradons ? Le paon
   g. Quand nous caressons celui à qui nous faisons du tort ? Le chat
   h. Quand nous paressons ? La tortue

2. Comment les chasser de nos cœurs ?
   a. En nous remettant à Jésus
   b. En vivant comme des chrétiens de conviction

Leçon 5
Les bêtes sauvages dans l'arche de Noé

Textes pour la préparation : Ge.4 : 1-10 ; 6 :8-22 ; 7 :16 ; 9 :1-3 ; Le.20 :13 ; Es.44 :22 ; 45 :22 ; Ro.1 :26-27 ; 2Co.5 :17 ; Ep.2 :8-10 ; Ti.3 :5 ; 1Pi.1 :18-19 ;
Versets à lire en classe : Ge.6 :18-22
Verset de mémoire : Des oiseaux selon leur espèce, du bétail selon son espèce, et de tous les reptiles de la terre selon leur espèce viendront vers toi, pour que tu leur conserves la vie. Ge.6 :20
Méthodes : Discours, comparaisons, questions
But : Montrer que l'état sauvage des bêtes est une conséquence du péché de l'homme.

Introduction
Au départ, elles n'étaient pas sauvages puisqu'elles s'amenaient volontairement à Noé. Quand le sont-elles devenues? Ge.6 :20

I. L'homme était sauvage avant les bêtes.
1. Il était le premier à tuer son semblable. Ge. 4 :8
2. Pour punir sa désobéissance, Dieu lui retira son Esprit. Ge. 6 :3
3. Dès lors, les pensées de son cœur se portent uniquement vers le mal. Ge. 6 :5
4. Avec le Déluge, les récoltes étaient perdues. Les hommes chassent les bêtes pour les manger. Dès lors, elles fuient l'homme et deviennent sauvages. Ge. 9 : 2

II. **L'homme dépasse les bêtes dans la sauvagerie**
   1. Il tue beaucoup plus de ses semblables que ne le font les bêtes dans la forêt. C'est là une conséquence de son péché.
   2. Cependant, quant à l'union entre deux mâles ou deux femelles, il ne l'a appris d'aucune bête. Le.20 :13 ; Ro.1 :26-27

III. **Dieu et les bêtes sauvages**
   1. L'arche de Noé comptait tous les animaux comme des symboles de nos défauts. Cependant, tous étaient sauvés du Déluge parce qu'ils étaient dans l'arche. Genèse. 7 :16
   2. L'Eglise universelle est composée de gens avec tous les défauts que vous pouvez imaginer. Ils seront tous sauvés par grâce, par le moyen de la foi. Ephésiens 2 :8
   3. Une fois dans l'arche de l'Evangile, **il appartient à Christ et non à vous et à moi de les changer.** 2Co.5 :17

Conclusion
Sachez que nos défauts ne sont pas en vente. On n'a besoin de personne pour les publier. Loué soit l'Eternel car il nous sauve malgré tout !
1Pi.1 :18-19 ; Ti.3 :5

Questions

1. Quand les bêtes sont-elles devenues sauvages ?
   a. Quand les hommes les chassent et les tuent.
   b. Quand ils devaient manger de la viande, faute de fruits, pour survivre après le Déluge.

2. Quand les hommes sont-ils devenus plus méchants ?
   Quand Dieu retira son Esprit en lui.

3. Pourquoi disons-nous que l'homme dépasse les bêtes dans la sauvagerie ?
   a. Il a appris avant les bêtes à tuer son semblable.
   b. Il va vers le même sexe contrairement aux bêtes.

4. Comment se comportaient les bêtes pour entrer dans l'arche ?
   Elles s'y amenaient d'elles-mêmes.
5. A qui comparer les bêtes dans l'arche ?
   A tous les membres de l'Eglise universelle sauvés malgré leurs défauts
6. Qui s'en charge? Jésus seul.

Leçon 6
La confrontation du Seigneur avec des bêtes sauvages

Textes pour la préparation : Ps.22 : 1-22 ; 39 :2 ; Mc.10 :2 ; 14 :1 ; Lu.10 :3 ; 18 :1 ; Jn.7 :1-5 ; 11 :47 ; 12 :10-11
Versets à lire en classe : Ps.22 :12-19
Verset de mémoire : Ils ont percé mes mains et mes pieds. Je pourrai compter tous mes os. Ps.22 :17b-18a
Méthodes : Discours, comparaisons, questions
But : Nous montrer comment vivre au milieu des bêtes sauvages.

Introduction
Tout au long de son ministère, Jésus devait affronter les bêtes sauvages en la personne des pharisiens, des sadducéens et des scribes, finalement dans la foule supportée par Hérode et Pilate.

I. **Leurs façons de se manifester autour de lui**
1. Les pharisiens lui posèrent des questions pour l'éprouver. Mc.10 :2
   David les appelle « les taureaux de Basan »
   Ps. 22 :13
2. Des sacrificateurs et des scribes cherchèrent à l'arrêter par **ruse**. **C'est le serpent**. Mc.14 :1
3. Ses frères aussi rusèrent pour le persuader de se rendre à un rendez-vous mortel. Jn.7 :1-5
4. Des religieux délibérèrent de le tuer parce qu'il faisait trop de biens. Ici c'est le **tigre**
   Jn.11 :47 ; 12 : 10-11
   a. David assimile les soldats romains à **des chiens** aboyant autour du Seigneur. Ps.22 : 17

b. Pilate et Hérode à des **buffles et des lions.** Ps.22 : 22

II. **L'attitude recommandée par Jésus face aux bêtes sauvages.**
1. D'abord il vous faut les identifier.
Vous êtes des **agneaux** au milieu des **loups** dévorants. Lu.10 : 3
Il recommande aux disciples d'être simples comme **la colombe** et **prudents comme le serpent.** Mt.10 :16
Par conséquent, ils doivent éviter des extravagances, des verbiages ou des discussions afin de passer inaperçu. Lu.10 :4
2. Votre âme doit être toujours en prière. Lu.18 :1
3. Vous devez vous taire devant le méchant. Jamais d'argument avec le loup. Ps. 39 :2

Conclusion
Si vous ne pouvez développer cette maitrise en quarante jours, demeurez auprès de Jésus pendant ses trois ans de ministère au milieu des hommes sauvages.

Questions

1. Citez les bêtes sauvages dans le ministère de Jésus-Christ ? Les scribes, les pharisiens, les sadducéens, ses frères, Pilate, Hérode et les soldats romains.

2. Comment David appelle-t-il les pharisiens ?
   Les taureaux de Basan

3. Les soldats romains ? Des chiens

4. Les sacrificateurs ? Des serpents

5. Comment réagir face aux bêtes sauvages ?
   a. Il faut les identifier
   b. Il faut se comporter comme l'agneau devant des loups
   c. Il faut être simple et prudent.
   c. Il faut prier.

Leçon 7
Les bêtes sauvages dans nos Eglises

Textes pour la préparation : De.25 :17-19 ; Pr. 17 :28 ; 24 :19-22 ; 1Co.5 :9-13 ; 2Co.12 : 7
Versets à lire en classe : 1Co.5 :9-13
Verset de mémoire : Mon fils, crains l'Eternel et le roi ; ne te mêle pas avec les hommes remuants. Pr. 24 :21
Méthodes : Discours, comparaisons, questions.
But : Nous montrer comment traiter avec les frères difficiles.

Introduction
J'appelle un chat un chat, et Rollet un fripon, disait Boileau. Comment traiter nos frères quand moi qui vous parle, je porte en moi les mêmes bêtes sauvages ?

II. **Comment se manifestent-elles parmi nous ?**
 1. Ils se manifestent par l'arrogance. Ce sont des gens mal élevés, inabordables, des gens cruels dans leur langage. Pour un rien, ils sont prêts à mettre le feu aux poudres. 1Co.5 :11-13
 2. Ils sont habiles à ne voir que vos défauts.
 3. Ce sont les faux-frères autorisés par Satan pour vous torturer. Ils peuvent être un mari, un patron, un co-employé ou un voisin. 2Co.12 :7

III. **Comment dirigent-ils leurs attaques ?**
 1. Directement à votre personnalité
    a. Une attaque soudaine et sans pitié

   b. Une attaque à votre point faible, quand vous êtes fatigué, préoccupé ou en détresse. De.25 :17-19
   c. Une attaque en face des gens de votre connaissance, juste pour vous humilier ou pour vous embarrasser.
2. Le frère n'hésitera pas un instant à mettre l'accent sur vos fautes, à vous reprocher en présence de votre mari, de votre femme, de vos enfants ou vos parents.
3. Il ne connait pas le mot pardon. Il se sent satisfait de vous avoir fait souffrir. 2Ti.4 :14

Conclusion

L'insensé même, quand il se tait, passe pour sage;
Celui qui ferme ses lèvres est un homme intelligent.
Soyez prudent. Pr.17 :28

Questions

1. Que trouvez-vous à blâmer chez votre frère ?
Ce qui est aussi en vous.
2. Comment les bêtes sauvages se manifestent-elles dans l'Eglise?
Par l'arrogance, les paroles amères, une attitude repoussante, par la colère, et la critique injuste.
3. Comment dirigent-elles leurs attaques ?
   a. Une attaque dans vos points faibles, quand vous êtes en détresse.
   b. Des reproches publics en face de vos proches
4. Quelle est l'impression de celui qui vous offense ?
Il est fier de lui-même. Il ne sait pas pardonner.
5. Quelle attitude devez-vous observer ? Le silence

Leçon 8
Comment traiter avec ces bêtes sauvages

Textes pour la préparation : Ex.14 :14 ; Ps.23 :1-6 ; Mc.1 :9-13 ; 2Ti.2 :23-26
Versets à lire en classe : Mc. 1 : 9-13
Verset de mémoire : Aussitôt, l'Esprit poussa Jésus dans le désert où il passa quarante jours tentés par Satan. Il était avec les bêtes sauvages et les anges le servaient. Mc.1 : 12-13
Méthodes : Discours, comparaisons, questions
But : Voir dans les frères difficiles un moyen pour Dieu de nous former.

Introduction
Une vérité éternelle : Dieu est un secours qui ne manque jamais dans la détresse. Mais comment Jésus a-t-il pu les résister ?

I. Les anges le servaient. Mc.1 :13
Ainsi pouvait-il garder le sang-froid et surtout la pensée claire et positive. Ex.14 :14
Dieu veut que nos adversaires soient témoins qu'il nous sert à manger pendant que notre verre déborde. Ps.23 : 5

II. Les bêtes sauvages l'observaient.
Elles attendent le moment favorable pour attaquer. Dans ce cas, voici l'attitude que Jésus recommande :
 1. La première attitude est de rester du côté de Dieu et des anges. Vous devez jeûner et prier. Comme l'avion, vous avez besoin des vents contraires pour voler plus haut.

2. La deuxième attitude est de rester calme. Ex.14 :14
   a. S'il s'agit de votre patron, offrez-lui votre expertise pour le bien de son entreprise. Soyez d'accord pour un stage gratuit mais dans la dignité et le respect.
   b. Si c'est un parent, dites-lui que vous l'aimez et qu'il peut obtenir beaucoup mieux de vous avec une meilleure approche. Mais s'il explose, gardez votre silence.
3. La troisième attitude est de voir un conseiller en la matière.
4. La quatrième attitude est de l'ignorer sans ignorer votre problème. Recherchez ce qui ennoblit votre âme : les bonnes lectures, les bonnes compagnies.

   Certaines gens changent d'avis quand vous ne donnez aucune importance à leur colère. Ils admireront ensuite votre haute valeur morale. 2Ti.2 :24

Conclusion

L'adversité n'est pas la fin du monde. C'est un test. Préparez-vous pour l'examen. L'heure de la graduation n'est pas loin.

Questions

1. Que fait notre Père dans notre situation ?
   Il envoie des anges pour nous servir.

2. Pourquoi ?
   a. Pour que nos adversaires sachent que Dieu prend grand soin de nous.
   b. Pour qu'ils sachent que nous ne sommes pas livrés entre leurs dents.

3. Que font alors les bêtes sauvages ?
   Elles observent. Elles attendent le moment favorable pour attaquer.

4. Quelle est l'attitude recommandable en ce cas ?
   a. On doit être du côté de Dieu.
   b. On doit jeûner et prier.
   c. On doit garder le sang-froid.
   d. On peut voir un conseiller.
   e. On peut aussi ignorer l'adversaire

5. Comment considérer l'adversité ? Comme un test

6. Que doit-on faire ?
   a. On doit se préparer pour l'examen.
   b. On doit attendre enfin l'heure des résultats.

Leçon 9
La résistance humaine devant les bêtes sauvages

Textes pour la préparation : Ps. 1 :1-6 ; 22 :13-17 ; Mt.5 :39 ; Lu.6 :30-35 ; 1Co.5 :8-13 ; 1Th.5 :12 ; Ja.4 :7 ; 2Pi.3 :17
Versets à lire en classe : Lu.6 :27-35
Verset de mémoire : Soumettez–vous donc à Dieu, résistez au Diable, et il fuira loin de vous. Ja.4 :7
Méthodes : Discours, comparaisons, questions
But : montrer la conception élevée du chrétien face à l'attitude basse des méchants.

Introduction
Il ne faut jamais oublier que les bêtes sont les bêtes. Elles agiront d'après leur nature. Voici ce que vous devez savoir :

I. Elles ont leur stratégie
1. Toutes les bêtes sauvages n'attaquent pas forcément en même temps et en tout temps et en tout lieu.
2. Toutes n'attaquent pas la même personne. Certaines bêtes réagissent seulement quand elles sont molestées.

II. Comment résister aux bêtes sauvages
1. Soumettez–vous d'abord à Dieu. Puis résistez au Diable, dit Jacques. Ja.4 :7
2. Soignez votre base avec conviction. 2Pi.3 :17
   a. Remerciez celui qui vous exhorte et montrez-lui beaucoup d'affection. 1Th.5 :12
   b. Aimez qu'on vous critique et non pas qu'on vous loue. Car c'est là que vous commencez à grandir.

3. Eloignez-vous des flatteurs; ils veulent vous entrainer avec eux en enfer. Ps.1 :1
4. Soyez simple et prudent. Apprenez à faire le mort.
   a. Si quelqu'un vous frappe sur la joue gauche, présentez-lui la joue droite. Mt.5 :39
   b. Donnez à quiconque vous demande et ne réclamez pas votre bien à celui qui s'en empare. Autrement, il peut vous tuer. Lu.6 :30-35 ; Ps. 22 :13-14, 17
5. Evitez les milieux et les gens propres à encourager vos mauvaises tendances. Ps. 1 :1 Paul nous dresse une liste des gens à ne pas fréquenter.1Co.5 :8-13

Conclusion

Les luttes ne finiront pas. On ne saura jamais si vous êtes doux, patient, humble tant que vous n'êtes pas en face des violents, des arrogants et des orgueilleux. Vous n'êtes pas là pour les changer mais pour subir votre examen. Restez dans la salle.

Questions

1. Quelle est la stratégie des bêtes ?
   a. Elles n'attaquent en même temps et en tout temps.
   b. Elles n'attaquent pas toujours la même personne.
   c. Elles attaquent quand elles sont molestées.

2. Comment peut-on résister aux bêtes sauvages ?
   a. En se soumettant à Dieu
   b. En soignant sa base.

3. Quelle attitude doit-on observer envers ceux qui nous exhortent ?
   a. On doit les apprécier et les remercier
   b. On doit admettre ses erreurs.

4. Quelle attitude doit-on observer à l'égard des flatteurs ? On doit s'en éloigner.

5. Envers les violents ? On doit éviter la riposte.

Leçon 10
Comment détruire les bêtes sauvages ?

Textes pour la préparation : Je.9 :1-5 ; 17 :5 ; Mt.15 :17-20 ; 1Co.6 :19-20 ; 2Co.11 :26 ; Ga.2 :20
Versets à lire en classe : Ps.91 : 1-13
Verset de mémoire : Celui qui demeure sous l'abri du Très-Haut, repose à l'ombre du Tout-Puissant. Ps.91 :1
Méthodes : Discours, comparaisons, questions
But : Montrer que la retraite à l'ombre du Tout-Puissant est le meilleur abri pour se protéger.

Introduction
Allez-vous me demander de détruire les forêts? Non. Et alors, comment m'en défendre ?

I. **Il vous faut connaitre l'adresse des bêtes sauvages.**
Elles habitent dans vos points faibles, dans un coin de votre âme. Le corps n'est qu'un instrument à leur service pour qu'elles se manifestent. Ne les flattez pas !

II. **Il vous faut connaitre leurs locataires.**
1. Elles logent les mauvaises pensées, les meurtres, les adultères, les débauches, les vols, les faux témoignages et les calomnies qui souillent l'âme. Mt. 15 : 19
2. Elles utilisent votre cerveau, votre langue, votre sexe, vos mains et vos pieds pour développer l'industrie de Satan.

III. Il faut s'en méfier.
1. Elles opèrent surtout la nuit. Ps.104 :20-21
   Les actes de violence, de drogue, de fornication ou d'adultère sont perpétrés en cachette. Ici, Jérémie vous met en garde même contre vos frères et vos amis. Je. 9 :5 ; 17:5
2. La vie de Paul était en danger parmi les faux-frères. 2Co.11 :26

IV. Il vous faut obéir au Seigneur
1. Que Christ loge dans vos cœurs comme le seul propriétaire. 1Co.6 :19-203
2. Un beau jour vous direz avec Paul : « Et maintenant, si je vis, ce n'est plus moi qui vis, mais c'est Christ qui vit en moi. » Les bêtes sauvages ne seront plus à craindre. Ga.2 :20

Conclusion
Ne soyez pas indifférents dans ce match entre le malin et le Seigneur. Votez pour Jésus-Christ. Il a déjà assuré votre victoire avant le combat. Votez ! Votez !

Questions

1. Comment tuer les bêtes sauvages ?
    a. Il vous faut connaitre leur adresse et leurs locataires.
    b. Il vous faut les réduire à la faim et obéir au Seigneur.

2. Où habitent-elles ?
   Dans vos points faibles.

3. Qui sont leurs locataires ?
   Les péchés dans nos cœurs

4. Quels sont les instruments à leur service ?
   Notre cerveau, notre langue, notre sexe, nos membres en général.

5. Comment obéir à Dieu
   Il doit loger dans nos cœurs comme le seul propriétaire.

6. De quoi devons-nous être sûr?
   De la victoire avant la bataille.

Leçon 11
Le rôle des anges auprès des bêtes sauvages

Textes pour la préparation : Ge.28 :12-13 ; Ps. 34 :8 ; Mt.18 :10 ; Mc.1 :13 ; Jn.1 :51 ; Ro.8 :28 ; 1Co.10 :13 ; Ep.6 :12 ; He.1 :10-14 ; 1Pi.5 :8 ; 1Jn.3 :2
Versets à lire en classe : He.1 :10-14
Verset de mémoire: Ne sont-ils pas des esprits au service de Dieu, envoyés pour exercer un ministère en faveur de ceux qui doivent hériter du salut ? He.1 :14
Méthodes : Discours, comparaisons, questions
But : Montrer le rôle des agents invisibles sur notre planète.

Introduction
La partie humaine est naturelle. Il lui faut une force en dehors d'elle pour la dominer. Cette force doit venir d'en-haut. D'où le rôle des anges. Comment opèrent-t-ils ?

I. Ils opèrent dans l'anonymat.
1. Ils ne sont pas là pour nous donner des conseils.
2. Ils sont là pour nous protéger.
3. Ils rapportent les faits tels qu'ils sont à Dieu. Mt.18 :10 ; He.1 :14
4. Ils peuvent s'incarner dans un visiteur inattendu pour refouler nos désirs charnels:
   a. Désir de fornication ou d'adultère,
   b. Désir de dire une mauvaise parole,
   c. Désir de perpétrer un crime ou un vol.
   Ainsi un accident, une contrariété, un incident, tout contribue à nous délivrer du démon de la chair. Ro.8 :28

N'essayez pas de tromper les anges. Ils montent et descendent l'échelle continuellement pour délivrer nos courriers au Divin maitre. Ge. 28 : 12-13 ; Jn.1 : 51

II. **Ils sont là pour faire la différence.**
1. Pour nous supporter face à nos mauvais penchants. Mc.1 :13
2. Pour justifier la réalité des deux mondes, le monde de Satan et le monde de Dieu.
3. Pour justifier l'intervention de Dieu aux heures de la tentation. Ps.34 : 8 ; 1Co.10 :13
4. Pour nous aider à résister au Diable destructeur. Ep.6 :12 ; 1Pi.5 :8

Conclusion
Nous ne sommes pas seuls. Par conséquent, veillons et prions.

Questions

1. Montrez que les anges opèrent dans l'anonymat
   a. Ils ne sont pas là pour nous conseiller.
   b. Ils sont là pour nous protéger.
2. Comment peuvent-ils intervenir dans nos détresses ?
   A travers une personne ou une circonstance.
3. Qu'est-ce-qui justifie leur présence ?
   a. Ils nous montrent la coexistence entre le mal et le bien.
   b. Ils justifient la réalité des deux mondes, le monde de Dieu et le monde de Satan.
   c. Ils interviennent quand Satan vient pour nous dévorer.

Leçon 12
L'apôtre Paul et les bêtes sauvages

Textes pour la préparation : Ac.14 : 19 ; 17 :5-7 ; 20 : 29-31 ; 2Co.11 : 23-26 ; 12 :2-10 ; Ph.3 :2, 19-20 ; 1Ti.4 ;20 ; 2Ti.4 :14-15
Versets à lire en classe : 2Co.11 :23-26
Verset de mémoire : Alexandre le forgeron m'a fait beaucoup de mal. Le Seigneur lui rendra selon ses œuvres. 2Ti.4 :14
Méthodes : Discours, comparaisons, questions
But : Montrer comment on peut gérer les souffrances causées par les frères de l'Eglise.

Introduction
L'apôtre Paul était un lutteur de carrière. Nous avons beaucoup à apprendre de ses aventures missionnaires. Laissons le parler.

I. Il parle de ses aventures avec des faux bergers.
1. En laissant Ephèse après trois ans de ministère pastoral, Paul avertit les chrétiens que de faux bergers vont ravager l'Eglise, au moyen de fausses doctrines. Ac.20 : 29-31

II. Il parle de ses aventures avec les faux-frères.
Sa vie était en danger parmi les juifs qui le traitent d'imposteur et qui le méprisent parce qu'il prêche la vérité. Ac.14 : 19 ; 17 :5-7 ; 2Co. 6 :8 ; 11 :26

iii. **Il cite même son aventure avec deux membres d'Eglise.**
1. Hyménée qu'il a livré à Satan, à cause de ses blasphèmes contre l'Evangile. 1Ti.4 :20

2. Alexandre, radié pour la même raison. Il a fait beaucoup de tort à l'apôtre comme s'il martelait du fer à la forge. 2Ti.4 : 14-15

IV. Il cite des frères ennemis de l'Evangile.
Ph.3 :19-20
1. Une première catégorie, Il les appelle « chiens, mauvais ouvriers, faux circoncis ». Ph.3 : 2
2. Une deuxième catégorie, il les range parmi ceux qui utilisent l'Evangile comme un business. Ph.3 :20

V. L'attitude de l'apôtre
1. Il reste au pied du Seigneur au point d'être illuminé. 2Co.12 :2
2. Il choisit de vivre dans la grâce de Dieu. 2Co.12 : 9
3. Il accepte d'être faible pour que Christ soit fort en lui. 2Co.12 :10

Conclusion
Dès aujourd'hui ne traitez plus votre adversaire en ennemi, mais comme une opportunité pour grandir spirituellement et découvrir les grands secrets de Dieu.

Questions

1. Citez des bêtes sauvages en compagnie de l'apôtre Paul.
   Les faux bergers, les faux-frères, Alexandre le forgeron

2. Comment se manifestent les faux-bergers ?
   Ils ravagent les Eglises avec les fausses doctrines.

3. Comment se manifestent les faux-frères ?
   a. Ils mettent sa vie en danger
   b. Ils contestent son message

4. Comment se manifeste Alexandre le forgeron ?
   Il torture l'apôtre par des paroles blessantes.

5. Que blâme l'apôtre dans les hommes charnels ?
   Ils ne voient dans l'Evangile que leurs avantages matériels.

6. Quelle était l'attitude de l'apôtre dans ces cas-là ?
   a. Il reste au pied du Seigneur jusqu'à devenir illuminé.
   b. Il choisit de vivre dans la grâce de Dieu
   c. Il accepte que Christ agisse à sa place.

Récapitulation des versets

1. Alors, Jésus fut emmené par l'Esprit dans le désert pour être tenté par le Diable. Mt.4 :1

2. Soyez féconds, multipliez remplissez la terre et assujettissez-la ; et dominez sur les poissons de la mer, sur les oiseaux du ciel et sur tout animal qui se meut sur la terre. Ge.1 :28

3. N'aimez point le monde ni les choses qui sont dans le monde. Si quelqu'un aime le monde, l'amour du Père n'est point en lui.1Jn.2 :15

4. Car c'est du dedans que viennent les mauvaises pensées, les meurtres, les adultères, les débauches, les vols, les faux témoignages, les calomnies. Mt.15 :19

5. Des oiseaux selon leur espèce, du bétail selon son espèce, et de tous les reptiles de la terre selon leur espèce viendront vers toi, pour que tu leur conserves la vie. Ge.6 :20

6. Ils ont percé mes mains et mes pieds. Je pourrai compter tous mes os. Ps.22 :17b-18a

7. Mon fils, crains l'Eternel et le roi ; ne te mêle pas avec les hommes remuants. Pr. 24 :21

8. Aussitôt, l'Esprit poussa Jésus dans le désert où il passa quarante jours tentés par Satan. Il était avec les bêtes sauvages et les anges le servaient. Mc.1 : 12-13

9. Soumettez–vous donc à Dieu, résistez au Diable, et il fuira loin de vous. Ja.4 :7

10. Celui qui demeure sous l'abri du Très-Haut, repose à l'ombre du Tout-Puissant. Ps.91 :1

11. Ne sont-ils pas des esprits au service de Dieu, envoyés pour exercer un ministère en faveur de ceux qui doivent hériter du salut ? He.1 :14

12. Alexandre le forgeron m'a fait beaucoup de mal. Le Seigneur lui rendra selon ses œuvres. 2Ti.4 :14

Feuille d'évaluation

1. Quelle est votre impression générale de cette série ?_____
_____
_____
_____

2. Qu'est-ce-qui vous en a le plus marqué ?
_____
_____
_____

3. Quel engagement voulez-vous prendre à partir d'aujourd'hui pour servir le Seigneur?_____
_____
_____
_____

Tome 15-Série 4

Vers la perfection

Avant-propos

Pour conclure la première partie du Sermon sur La Montagne, Jésus disait à son auditoire : « Soyez donc parfaits comme votre Père céleste est parfait. » Mathieu 5 :48

Après tous ses combats spirituels Paul, confesse qu'il n'a pas encore atteint la perfection. Philippiens. 3 :12 En effet, cette expression exprime un complet développement dans la piété, une croissance jusqu'à la maturité, mais jamais la perfection absolue. C'est une marche progressive dans laquelle le Seigneur lui-même fait son œuvre en nous selon son bon plaisir. Ph.2 :12 Arrivés au stade voulu par Dieu, « nous serons semblables à Christ ». 1Jn.3 :2

C'est malheureux que des frères *trop chrétiens* font une tragédie de vos erreurs alors que la course n'est pas achevée encore.

Que Dieu vous aide à trouver, à travers ces leçons, les ressources spirituelles nécessaires pour atteindre la perfection.

Pasteur Renaut Pierre-Louis

Leçon 1
Préliminaires à la course

Textes pour la préparation: 1S.10: 23; Ac.9:15-18; 13: 4; 16: 37; 22: 3; Ro.7:19; 2Co.5 :17 ; Ga.2: 20; Ph.3:4-9

Versets à lire en classe: Ph.3 :1-9

Verset de mémoire: Si quelqu'un est en Christ, il est une nouvelle créature. Les choses anciennes sont passées : voici toutes choses sont devenues nouvelles. 2Co.5 :17

Méthodes : Discours, comparaisons, questions

But : Etablir les conditions d'admission dans l'équipe du Seigneur.

Introduction
Chaque équipe a ses règlements internes auxquels tout compétiteur doit se soumettre. La bible en a les siens. Comment s'appliquent-ils ?

I. Pour être admis dans l'équipe du Seigneur
1. Dieu change le nom de Saul (grand) en Paul (petit).1S. 10:23; Ro.7:19; Ac.9:15; 13:4; 22:3
   «Si quelqu'un dit-il, est en Christ, il est une nouvelle créature.» 2Co.5:17
2. Il lui impose l'uniforme de l'équipe.
   Paul doit déposer **Le Maillot de la Loi** au Mont Sinaï pour recevoir **le maillot de la Foi** au Mont Golgotha. Il devra le porter jusqu'au bout de la course. 2Ti.4 :7

II. **Pour participer à la course**
 A) **Il doit être dépouillé de son orgueil :**
  1. Paul menait un combat intérieur. Il faisait le mal malgré lui. Ro.7 : 19 ; Ga.2 :20
  2. Il devait se débarrasser des éléments encombrants :
   a. Son statut de citoyen romain. Ac.16 :37
   b. son orgueil de pharisien et de persécuteur de l'Evangile. Ph.3 : 4-9
   c. Sa fierté de diplômé d'Université au pied de son doyen Gamaliel. Ac.22 :3

 B) **Il doit débuter avec l'ABC de l'Evangile.**
  1. Dieu le rendit aveugle dans l'application de la Loi.
  2. Puis, il utilise un simple serviteur pour enlever les écailles de ses yeux en vue de le conduire sur le chemin de la foi. Ac.9 : 17-18
  3. Enfin, il reçut le baptême évangélique. Ac.9 :18

Conclusion

Mes frères, je vous présente sur le terrain Paul, le nouveau joueur dans l'équipe du Seigneur ! Observez-le de près dans le championnat de la vie chrétienne.

Questions

1. Quel est le mode de recrutement pour la course?
   Le postulant doit porter le nom et l'uniforme de l'équipe.

2. Qu'en était-il de Paul ?
   a. De Saul grand, il devint Paul, petit.
   b. Il devait rejeter le maillot de la Loi pour embrasser la foi en Jésus.

3. Quelle est la première condition de participation à la course?
   Il doit être dépouillé de son orgueil.

4. En quoi Paul trouvait-il gloire?
   a. Dans son diplôme d'universitaire
   b. Son titre de pharisien
   c. Son privilège de citoyen romain
   d. Son zèle de persécuteur de l'Evangile

5. Qu'est-ce que Dieu a fait pour le convaincre ?
   a. Il l'a aveuglé dans la défense de la Loi.
   b. Il lui a envoyé un chrétien pour lui ouvrir les yeux sur la route de la foi en Jésus.
   c. Il reçut le baptême évangélique.

Leçon 2
Entrainement à la course

Textes pour la préparation : Ac.11:26; 13:1-2; 17:1-9; 19:1-40; 23:2-3; 26:27; Ro. 8:37-39; 2Co.11:12
Versets à lire en classe : Ac.16 :22-34
Verset de mémoire : Pendant qu'ils servaient le Seigneur dans leur ministère et qu'ils jeunaient, le Saint-Esprit dit : mettez-moi à part Barnabas et Saul pour l'œuvre à laquelle je les ai appelés.Ac.13 :2
Méthodes : discours, comparaissons, questions
But : Créer l'esprit d'évangélisations dans le cœur des nouveaux convertis.

Introduction
Dans sa sagesse infinie, Dieu nous expose graduellement aux épreuves à subir. Voyez comment il bâtit le programme de Paul.

I. Phase 1 : il commence avec des poids légers :
1. Peu après sa conversion, Paul fut baptisé et il commença à prêcher l'Évangile dans les synagogues de Damas. Ac.9 :18-20,22
2. Après cela, Barnabas, un chypriote grec, l'engagea comme stagiaire à enseigner la Bible pour un an à l'Eglise d'Antioche. Ac.11 :26
3. Quelques temps après, les deux furent désignés par la société missionnaire pour aller évangéliser les païens. Ac.13 :1-2

II. Phase 2 : Il continue avec des poids moyens
1. Paul fut maltraité et jeté en prison à Philippes. Après tout, il devra pardonner à son bourreau Ac.16 : 31

2. Il connut des persécutions à Thessalonique et à Ephèse au moment où ses titres ne lui servirent à rien. Ac.17 : 1-9 ; 19 : 23-29

III. Phase 3 : **Il fut accablé de poids lourds**
L'athlète spirituel reçut cinq raclées de quarante coups moins un. 2Co.11 :12
Il témoigna pour Christ devant le roi Agrippa II, un descendant des Edomites, ennemi des juifs. Ac.26 :27
Le diplômé d'université sera giflé en public. Que lui manque-t-il pour qu'il succombe? Ac.23 :2-3
Il peut se redresser en disant : « Mais dans toutes ces choses nous sommes plus que vainqueur par Christ qui nous a tant aimés. » Ro 8 :37-39

Conclusion
Jésus nous engage aussi dans la lutte. Prenons le combat de la vie chrétienne au sérieux.

Questions

1. Comment Dieu nous envoie-t-il les épreuves ?
   Graduellement

2. Quels étaient les poids légers que Paul devait soulever ?
   a. Il commençait avec le témoignage de sa foi à Damas, le lieu de sa conversion.
   b. Il passa un an avec Barnabas à enseigner la Bible à l'Eglise d'Antioche.

3. Quels ont été ses poids moyens ?
   Le fouet et la prison à Philippe
   a. Le pardon et le message à offrir à son bourreau
   b. La persécution à Thessalonique puis à Ephèse

4. Quels ont été ses poids lourds ?
   a. Cinq fois battu à quarante coups moins un
   b. Son témoignage à rendre devant le roi Agrippa II
   c. Des gifles publiques à essuyer.

Leçon 3
Poids lourd à la limite

Textes pour la préparation : Ex.14 :14 ; Ps.34 :1 ; 1Co.10 :13 ; 2Co. 11 :26-27 ; 12 :1-10 ; Col.4 :14
Versets à lire en classe : 2Co.12 :1-10
Verset de mémoire : C'est pourquoi je me plais dans les faiblesses, dans les outrages, dans les calamités, dans les persécutions, dans les détresses pour Christ ; car quand je suis faible, c'est alors que je suis fort. 2Co.12 :10
Méthodes : Discours, comparaisons, questions
But: Enumérer les épreuves à endurer avant d'atteindre la perfection

Introduction
Que c'est bien étrange ! Tandis que Paul était illuminé, il devait avoir auprès de lui un âge de Satan pour le souffleter. Mais pourquoi cette pression sur l'apôtre?

I. **Il venait d'être ravi jusqu'au troisième ciel.**
 1. Il faut noter ceci. 2Co.12 : 2
    a. Le premier ciel se rapporte à l'atmosphère.
    b. Le deuxième évoquerait l'univers des étoiles.
    c. Le troisième désigne la demeure de Dieu.

II. **Dès lors il devait être complètement vidé de lui-même.**
 1. Dieu le retient dans l'humilité,
    a. Avec une écharde dans la chair. C'était un handicap physique qui obligea Luc, son médecin, d'être avec lui. Col.4 :14

b. Avec un ange de Satan pour le souffleter. C'était probablement certaines erreurs commises dans sa vie passée et que des gens prennent plaisir à dénoncer pour lui fermer bouche.

III. **Les poids lourds à supporter. 2Co.12 : 10**
Retenez que Dieu mesure notre force en proportion des épreuves que nous devons endurer. Heureusement il les contrôle.1Co.10 :13
Les poids lourds sont les suivants :
1. Le silence à observer quand on vous dit des paroles blessantes ou qu'on vous accuse injustement. Ex.14 :14
2. La louange à élever vers Dieu dans la santé comme dans la maladie et la pauvreté. Ps.34 :1
3. La foi en Dieu à garder même au milieu des persécutions et de l'abandon de ses proches. 2Co.11 :26-27
4. La souffrance était devenue son mode de vie. 2Co.12 :10

Conclusion
Pour être illuminé, il y a un prix à payer. Si vous acceptez cette condition, vous direz bientôt avec Paul : « Quand je suis faible, c'est alors que je suis fort » 2Co.12 :10

Questions

1. Que représente le premier ciel ? L'atmosphère
2. Que représente le deuxième ciel ? Le firmament
3. Que désigne le troisième ciel ?
   La demeure de Dieu
4. Que représente l'écharde dans sa chair ?
   Un handicap physique
5. A quoi identifier l'ange de Satan pour le souffleter ?
   Des erreurs du passés soulevées contre lui.
6. Quels étaient les poids lourds à soulever ?
   a. Le silence devant les outrages
   b. La louange à Dieu au milieu des calamités
   c. La foi à maintenir au sein des souffrances et des persécutions.
7. Qui lui est venu en aide en ces moments-là ? Dieu

Leçon 4
Médaille d'or de la course.

Textes pour la préparation : Ac.20 :24 ; 1Co.9 :24-27 ; 2Co.11 :26-27 ; Ph.3 :14 ; 2Ti.2 :5
Versets à lire en classe : 1Co.9 :24-27
Verset de mémoire : Ne savez-vous pas que ceux qui courent dans le stade courent tous, mais qu'un seul remporte le prix ? Courez de manière à le remporter. 1Co.9 :24
Méthodes : Discours, comparaisons, questions
But : Motiver les chrétiens à la vraie persévérance

Introduction
Les jeux olympiques les plus en vogue dans la Grèce antique étaient le combat des gladiateurs et la course. Qu'est-ce-qui les rend attractifs ?

I. C'était le prix à obtenir.
Tous courent dans le stade, mais un seul remporte le prix. 1Co.9 :24
1. Le vainqueur est publiquement honoré d'une couronne ou d'un rameau d'olivier.
2. Avec cette distinction particulière, il peut exercer n'importe quelle fonction publique.
3. Il est ensuite convié à un banquet avec les politiciens et les arbitres.
4. Il est accueilli en héros dans sa ville et on peut frapper des pièces de monnaie à son effigie pour qu'il soit renommé dans toute la Grèce.

II. Comment l'obtenir ?
L'athlète prête le serment d'agir dans le respect des règles. Autrement, il est disqualifié, et avili publiquement. 2Ti. 2 :5
1. Paul vous dit qu'il traite durement son corps. Il accepte de travailler avec Dieu sans vacances ni heures de loisir ou de détente avec des amis. 1Co.9 : 27
2. Il accepte de passer des jours à jeun, des nuits sans sommeil. 2Co.11 : 26-27
3. Il ne fait aucun cas de sa vie. Il prend tous les risques pour prêcher l'Evangile. Ac.20 :24

Et tout cela c'est en vue de remporter le prix de la vocation céleste en Jésus-Christ. Ph.3 : 14

Conclusion
Supposons que Dieu organise un championnat et que la couronne de vie serait décernée à un seul concurrent, Qu'allez-vous décider ?…. Inscrivez-vous pour la course sans réfléchir et sans délai !

Questions

1. Quels étaient les jeux olympiques les plus en vogue dans le temps de Paul ?
   La course, le combat des gladiateurs

2. Qui obtenait le prix ? Un seul champion

3. Comment était-il honoré ?
   a. Il reçut un rameau d'olivier ou une guirlande
   b. Il pouvait exercer n'importe quelle fonction publique.
   c. Il était invité au banquet avec l'arbitre et les politiciens
   d. Il était accueilli en héros dans sa ville natale
   e. On pouvait frapper des pièces de monnaie à son effigie.

4. Quelle en était la discipline ?
   L'athlète devait prêter le serment d'agir suivant les règles.

5. Quel a été le régime de Paul?
   a. Il traite durement son corps.
   b. Il accepte de travailler avec Dieu sans prendre de congé
   c. Il accepte de passer des jours à jeun et des nuits sans sommeil
   d. Il ne fait aucun cas de sa vie.

Leçon 5
Première Discipline de la course (1)

Textes pour la préparation : Lu.9 :23, 62 ; Jn.17 :14 ; Ac.20 :27 ; Ga. 1 :11-12 ; 2 :20 ; Ep. 6 :11-12 ; Ph.3 : 4-13 ; 2Ti.2 :2

Versets à lire en classe : Ph.3 : 10-14

Verset de mémoire : Ce n'est pas que j'aie déjà remporté le prix, ou que j'aie déjà atteint la perfection ; mais je cours pour tâcher de le saisir. Ph.3 :12a

Méthodes : discours, comparaisons, questions
But: Présenter la vie chrétienne comme une course

Introduction
Jésus n'a jamais enrôlé des gens pour former des auditeurs, des acteurs ou des spectateurs. Il les enrôle pour qu'ils deviennent des lutteurs. Par conséquent, vous devez vous soumettre à sa discipline.

I. Première discipline:
1. Vous devez oublier ce qui est en arrière, c'est-à-dire, renoncer à vous-même. Lu.9:23; Ph.3:13
   a. Le « moi » doit mourir pour que Jésus ait la totalité de votre contrôle. Ga. 2 : 20
   b. Autrement vous n'êtes pas propre au royaume de Dieu. Lu.9:62
   c. Vous vous souvenez que Paul devait renoncer à son orgueil d'universitaire et à sa religion à cause de Christ. Ph.3 :4-9

2. **Vous devez recevoir ses instructions**.
   a. Les apôtres étaient à ses pieds pendant trois ans d'affilé.

    b. Paul déclare qu'il a reçu ses instructions par une révélation de Jésus-Christ. Ga.1 :11-12 Il est conscient d'avoir tout dit aux membres de l'Eglise d'Ephèse. Ac.20 :27
    c. Il recommande à Timothée de transmettre ces mêmes instructions à des hommes dignes de confiance. 2Ti.2:2
3. **Vous devez vous revêtir de toutes les armes de Dieu.** Ep.6 :11
    a. Parce que vous avez une lutte à mener contre les puissances infernales. Ep.6 :12
    b. Parce que vous n'êtes pas sur votre territoire. Vous n'êtes pas de ce monde comme moi je ne suis pas de ce monde, dit Jésus. Jn.17 :14

Conclusion

Voilà la première condition du Seigneur pour participer à la course de l'Evangile. Etes-vous prêt ?

Questions

1. Qui sont éliminés au départ, dans l'équipe de Jésus ?
   Les auditeurs, les acteurs et les spectateurs.

2. Qui enrôle-t-il dans la course ? Les lutteurs

3. Quelles étaient ses conditions ?
   a. Que vous renonciez à vous-mêmes
   b. Que vous preniez la croix et le suivre
   c. Que vous receviez ses instructions

4. Qu'en était-il de Paul ?
   a. Après sa conversion, il reçut les instructions du Seigneur par révélation.
   b. Il passe ces mêmes instructions à Timothée, son disciple.
   c. Il recommande qu'on s'arme de toutes les armes de Dieu.

5. Pourquoi ?
   a. Parce que nous avons une lutte à mener contre les puissances infernales.
   b. Parce que nous ne sommes pas sur notre territoire.

Leçon 6
Deuxième discipline

Textes pour la préparation : Mt. 6 : 9-15 ; 10 :37 ; Mc.10 :35-37 ; Jn.12 :25 ; Ac.1 :8
Versets à lire en classe :
Verset de mémoire: Ce n'est pas que j'aie déjà remporté le prix, ou que j'aie déjà atteint la perfection mais je cours pour tâcher de le saisir, puisque moi aussi, j'ai été saisi par Jésus-Christ. **Ph.**3 :12
Méthodes : discours, comparaisons, questions
But : Montrer que le vrai engagé à la cause de Christ ne peut faire marcher arrière.

Introduction
Rien ne présage mieux le succès que la détermination. Jésus la réclame de tous ses disciples. Mais où va-t-il les amener?

I. **Avec Jésus, votre horaire ne compte plus.**
   1. Dans l'oraison dominicale, Jésus ajoute « que la volonté du Père soit faite. » Mt.6 : 10
   2. Il ne contrôle pas l'heure d'après notre calendrier ou notre montre mai d'après la montre de son Père. A Marie qui lui demande un service, il dira : « Mon heure n'est pas encore venue. » En d'autres termes, il attend la décision du Père.

II. **Avec Jésus, vos sentiments ne comptent plus.**
   1. Celui qui aime son père ou sa mère plus que moi, ne peut être mon disciple. Mt.10 :37
   2. Celui qui aime sa vie la perdra et celui qui hait sa vie dans ce monde la conservera pour la vie éternelle. Jn.12 : 25

III. **Avec Jésus, vos projets ne comptent plus.**
1. Les disciples voyaient en Jésus un Messie national. Leurs positions politiques seraient déjà assurées. Mc.10 :35-27 ; Ac. 1 :6
2. Jésus les engageait dans la Grande Commission. Dès lors il s'agira de lever l'ancre pour ne jamais retourner en Palestine. Ac. 1 :8
3. Tous connaitront le martyr dans l'évangélisation du monde.

Conclusion
Puisque Jésus est le chemin, c'est à-dire l'exemple à suivre, soyez déterminé pour aller jusqu'au Calvaire. Vous mourrez alors pour une juste cause.

Questions
1. Quelle est la deuxième discipline ?
   a. Accepter la volonté de Dieu
   b. Notre horaire, nos sentiments et nos projets ne comptent plus.
2. Quelles exigences Jésus nous fait-il dans notre vie de famille ?
   De l'aimer plus que nos parents et notre propre vie
2. Qu'est-ce-que les disciples attendaient de Jésus ?
   Un Messie national.
3. Comment Jésus en détournait-il leur attention ?
   Il les engage dans la grande commission.
4. Dans cette leçon comment traduire l'expression : « Je suis le chemin » ? Je suis l'exemple à suivre.
5. Quel était le sort commun aux apôtres ? Ils moururent tous martyrs.

Leçon 7
La montée vers la perfection

Textes pour la préparation : Ps.15 :4 ; Pr.20 :25 ; Mt.5 :22-23, 37, 44 ; 6 :15 ; Lu.6 :30 ; Ep.4 :26 ; Ja.1 :20 ; 5 :12
Versets à lire en classe : 1Co.9 :24-27
Verset de mémoire : Frères, je ne pense pas l'avoir saisi ; mais je fais une chose : oubliant ce qui est en arrière et me portant vers ce qui est en avant, je cours vers le but. Ph.3 :13-14a
Méthodes : Discours, comparaisons, questions
But : porter les chrétiens à suivre Christ sans distraction

Introduction
Dès qu'il s'agit de montée, on voit des marches à gravir et plus d'efforts à déployer. Dans la montée vers Dieu, c'est la chair qu'il nous faut dominer. Mais dans quels aspects?

I. **Dans notre tempérament.**
   1. Il nous faut dominer notre langue, notre sexe.
   2. Il nous faut dominer notre colère et les paroles blessantes envers le prochain.
      a. Notre colère ne doit pas durer plus d'un jour. Mt. 5 :22 ; Ep.4 :26
      b. Elle ne rend aucun service à Dieu. Ja. 1 :20

II. **Dans nos actes de générosité.**
Pardonner est le plus grand don qu'on puisse faire à quelqu'un. Nous l'avons appris de Jésus. Nous devons pardonner pour que Dieu nous pardonne. Mt. 5 :23; 6 : 15

III. **Dans la distribution de notre affection**
Il nous demande d'aimer ceux qui sont indignes de notre amour, de supporter les insupportables sans pour autant approuver leur défaut. Il vous dira hypocrite si vous méritez ce surnom.
M. 5 :44 ; 23 : 13,14, 23

IV. **Dans notre grandeur d'âme**
1. Il nous demande de ne pas réclamer notre bien à celui qui s'en empare. Lu.6 :30
2. Nous courons le risque de perdre et notre bien et notre vie.

V. **Dans les engagements d'honneur.**
1. Nous devons respecter nos engagements aux Seigneur et aux hommes, même à notre désavantage. Ps.15 : 4
2. Le Dieu qui nous a fait à son image, respecte ses paroles. Il nous demande d'en faire autant. Ja.5 :12.
3. Nos dîmes et nos offrandes doivent être un engagement sacré. Pr.20 :25 ; Mt .5 :37

Conclusion
Les marches deviennent vraiment difficiles. Nul ne peut finir la course sans Jésus. Regardons à lui seul.

Questions

1. Dans la montée vers « Dieu, que nous faut-il dominer ? La chair

2. Dans quels aspects ?
   a. Dans notre tempérament,
   b. Dans nos actes de générosité
   c. Dans notre affection et dans notre sens de grandeur

3. Que nous faut-il dominer dans notre tempérament ? Notre langue, notre sexe, nos mouvements de colère

4. Que nous faut-il comprendre dans nos actes de générosité ? Nous devons pardonner pour que Dieu nous pardonne.

5. Comment distribuer notre affection ?
   a. Par l'amour envers ceux qui n'en sont pas dignes
   b. Par la tolérance envers l'intolérable
   c. Par la patience envers l'insupportable.

6. Comment manifester la grandeur d'âme ?
   En renonçant à poursuivre ceux qui s'emparent de nos biens.

7. Pourquoi ? Nous risquons de perdre et notre vie et notre bien

8. Quelle doit être notre attitude sous le rapport des engagements ?
   Nous devons les respecter à tout prix.

Leçon 8
Les dernières marches vers la perfection

Textes pour la préparation : Es.61:7; Mt.5:12, 39-41; Lu.18:1-8; Ro. 5 :8 ; 15:1; 2Co.6:1-10; Ga.6 :14; Ph.4:9

Versets à lire en classe : 1Co.9:24-27

Verset de mémoire : Frères, je ne pense pas l'avoir saisi ; mais je fais une chose : oubliant ce qui est en arrière et me portant vers ce qui est en avant, je cours vers le but pour remporter le prix de la vocation céleste en Jésus-Christ. Ph.3 :13-14

Méthodes: Discours, comparaisons, questions

But : donner gloire à Dieu pour le but à atteindre seulement par sa force.

Introduction
Nous voilà arrivés au point le plus périlleux dans la vie chrétienne. Il se résume en cinq aspects atteints par les rares athlètes spirituels. Les voici :

I. **Consentir à n'être rien**
Le secret du bonheur, dit Jésus, c'est d'accepter qu'on dise de vous toutes sortes de mal à cause de son nom. Mt. 5 :12 ; 39-41 ; 2Co.6 :1-10 ; Es. 61 :7

II. **S'affectionner aux choses d'en haut**
Que sont-elles ? Des choses qui viennent de Dieu :
1. La foi soutenue par la prière. Lu.18 :1-8
2. La grâce appréciée par notre témoignage et nos louanges.
3. La paix nourrie par la relation constante entre Dieu et le prochain. Ph.4 :9

4. L'amour pour Dieu et pour le prochain quand on se souvient du prix payé pour notre salut à la croix. Ro.5 :8

III. **Rechercher ce qui plait au Seigneur et ne pas nous complaire en nous-mêmes.** Ro.15 :1
1. Le chrétien ne fait pas ce qu'il veut, mais ce que Dieu veut. Il crucifie la chair avec ses passions. Ga.6 :14

IV. **Ne jamais perdre de vue la Croix et le ciel**
1. Notre vie commence au Calvaire et continue dans le ciel.
2. Tout ce qui peut nous retarder dans notre course vers les cieux, doit être rejeté.

V. **Considérer son être tout entier comme la propriété de Dieu.**
1. Jésus est le maitre de votre corps et de votre âme. Vous en êtes un simple locataire qu'il peut déguerpir cette nuit même. Lu.12 :20
2. Donnez gloire à Dieu par qui seul vous pourrez achever votre course avec victoire.

Conclusion

Une fois parvenu à ce point, gardez-vous de tout orgueil spirituel de peur d'être précipité dans la chute.

Questions

1. Quels sont les cinq aspects finals de la perfection ?
   a. Consentir à n'être rien
   b. S'affectionner aux choses d'en Haut
   c. Rechercher ce qui plait au Seigneur
   d. Ne jamais perdre de vue la croix du calvaire
   e. Se considérer comme la propriété de Dieu

2. Comment consentir à n'être rien ?
   C'est ne pas réagir quand on nous dénigre à cause de Jésus-Christ.

3. Quelles sont les choses qui viennent d'en haut qu'il nous faut aimer ?
   La foi, la grâce, la paix, l'amour de Dieu

4. Comment plaire au Seigneur ?
   a. En faisant sa volonté
   b. En crucifiant la chair avec ses passions et ses désirs.

5. Quel est la trajectoire que doit poursuivre le chrétien ?
   Il va de la croix au Calvaire.

Leçon 9
Réformation

Textes pour la préparation : Mt.5 : 11-12, 33-48 ; 2Ti.2 : 24-25
Versets à lire en classe : Mt.5 :38-48
Verset de mémoire : Soyez donc parfaits comme votre Père céleste est parfait. Mt. 5 :48
Méthodes : Discours, comparaisons, questions
But : Motiver les chrétiens pour qu'ils tendent vers la perfection

Introduction
S'il m'était donné d'aligner les apôtres de la non-violence, j'aurais cité Mahatma Gandhi, Martin Luther King. De qui s'étaient-ils inspirés pour leur attitude ? Certes, de Jésus, le Dieu de paix. Voyons ce qu'il préconise.

I. **Eviter les arguments**
 1. Si quelqu'un te frappe sur la joue gauche, présente lui la joue droite.
 2. Il ne faut pas qu'un serviteur de Dieu ait des querelles ;
    a. Il doit au contraire, être affable pour tous
    b. Il doit redresser avec douceur les adversaires dans l'espoir que Dieu leur fera voir clair dans leur manière de voir et de penser. 2Ti.2 :24-25

II. **Eviter les ressentiments**
 Ne prenez jamais l'adversaire pour ennemi.

1. C'est une occasion pour mesurer votre degré spirituel et de donner la preuve que vous êtes réellement fils de Dieu. Mt. 5 : 44-45
   a. Christ vous demande de l'aimer.
   b. De bénir ceux qui vous maudissent.
   c. De faire du bien à ceux qui vous haïssent,
   d. De prier pour ceux qui vous maltraitent et qui vous persécutent. Mt.5 :44
2. C'est le point de départ de votre promotion et de vos bénédictions. Mt. 5 :11-12
3. C'est la dernière marche vers la perfection. Mt. 5 : 48
4. C'est votre examen officiel. Ne laissez pas la salle avant la graduation. Il appartient à Jésus seul de proclamer les résultats.

Conclusion

Si l'Eglise doit être réformée, que ce soit dans le domaine spirituel. Jésus n'a que faire de vos musiques, de vos grandes assemblées et de vos messages clichés pour faire impression. Soyez donc sincères. Amos.5 :23

Questions

1. Citez trois apôtres de la non-violence.
   Mahatma Ghandi, Martin Luther King, le Seigneur Jésus

2. Que recommande le Seigneur ?
   Qu'on évite les arguments et les ressentiments

3. Comment éviter les arguments?
   a. Offrez la joue droite à quelqu'un qui te frappe sur la joue gauche.
   b. Gardez le silence.

4. Comment éviter les ressentiments ?
   Ne jamais prendre l'adversaire pour ennemi.

5. Pourquoi ?
   a. C'est une occasion pour mesurer notre degré spirituel
   b. C'est une occasion de prouver qu'on est fils de Dieu.

6. Que nous recommande Christ ?
   a. D'aimer nos ennemis
   b. De bénir ceux qui nous maudissent
   c. De faire du bien à ceux qui nous haïssent
   d. De prier pour ceux qui nous persécutent.

7. Quels en sont les avantages ?
   C'est le point de départ vers la promotion et les bénédictions.
   a. C'est la dernière marche vers la perfection.
   b. C'est notre examen officiel avant la graduation.

Leçon 10
Thanksgiving

Textes pour la préparation : Ps.22 :4 ; Amos.5 :21-24 ; Lu.18 :35-43 ; Jn.2 :1-16 ; 5 :1 -2; 12 :1,12-13 ; Ga.3 :3b

Versets à lire en classe : Amos. 5 : 21-25
Verset de mémoire : Eloigne de moi le bruit de tes cantiques ; je n'écoute pas le son de tes luths. Amos. 5 : 23
Méthodes : Discours, comparaisons, questions
But : Dénoncer les louanges et les formes d'adoration que Dieu déteste.

Introduction
Jésus aime les fêtes. Il aime se réjouir avec nous.

I. **Comment manifeste-t-il sa présence aux fêtes ?**
   1. Il répondait à l'invitation au mariage à Cana en Galilée. Jn.2 : 1-2
   2. D'habitude, Il montait à Jérusalem pour les fêtes religieuses des juifs. Jn.2 :12; 5 :1 ; 12 :1,12-13
   3. Il y était pour faire la différence.
      a. On peut ignorer les noms des mariés mais jamais le miracle de l'eau changée en vin.
      b. On parlera longtemps de la guérison du paralytique de Bethesda réalisée pendant une fête des juifs. Jn.5 : 1-2

II. **Quand s'absentait-il à certaines fêtes ?**
   1. Quand on commence par l'esprit pour finir par la chair. Ga.3 :3b
      a. Alors, Il exprime son mécontentement.

    b. Remarquez sa réaction au jour de la fête de Paque, comment il punissait les commerçants dans le temple. Jn. 2 :13-16
2. Son Père aurait fait autant. Amos.5 :21-24

III. **Comment répond-il aux fêtes de reconnaissance**
1. Dieu aime siéger au milieu des louanges. Ps.22 :4
2. Il n'est pas obligatoire que ce soit en un lieu de fête. Jésus bénit Bartimée en pleine rue. Il le bénit en proportion de la louange qu'il lui donne. Lu.18 :35-43

Conclusion

Fêtez le Seigneur avec reconnaissance et attendez qu'il vous dise : « Que veux-tu que je te fasse ? »

Questions

1. Montrez comment Jésus aime les fêtes.
   a. Il participa à un mariage à Cana en Galilée.
   b. Il était à toutes les fêtes juives à Jérusalem.
   c. Il y faisait toujours une chose remarquable.

2. Quand Jésus s'absente-il à certaines fêtes ?
   Quand on commence par l'esprit pour finir par la Chair

3. Comment réagit-il ?
   Il manifeste son mécontentement.
   Il réagit comme l'aurait fait Son Père
   Jésus accepte les louanges sincères du pauvre Bartimée.

4. Vrai ou faux
   a. Jésus aime danser dans les fêtes. __ V__F
   b. Il en profite pour boire de la crémasse._ V _F
   c. Jésus va aux fêtes pour glorifier son Père. _ V_F
   d. Jésus porte un habit de cérémonie et un décolleté pour la salle de réception. _V_F
   e. Si vous voulez du pain et du poisson, appelez-le « Jésus de Nazareth ». _ V_ F
   f. Si vous voulez une bénédiction royale, appelez-le « Jésus, fils de David. » _ V_ F

Leçon 11
Fête de la Bible :

Textes pour la préparation : Ge.1: 3, 12 ; 2:18-22; 3:1-15; 10:1-32; Es.44: 24; 45:1; 53:4-7; Mich.5:1; Mt.2:1; 25:34; Lu.1:32; Jn.19:16-18; 1Jn.2:17; Ap. 21:1-9; 22:15
Versets à lire en classe : Ps.119:9-16
Verset de mémoire : Ta parole est une lampe à mes pieds et une lumière sur mon sentier. Ps.119:105
Méthodes : Discours, comparaisons, questions
But : Aiguiser chez les chrétiens l'envie d'étudier la bible.

Introduction
Que le monde entier sache que tous les livres viennent de la terre. La Bible vient du ciel.

I. **La Bible c'est Le livre de Dieu** :
   1. C'est la Parole de Dieu révélée aux hommes. Jn.1 :1
   2. Ainsi parle l'Eternel. Es.44:24; 45:1
   3. Et Dieu dit: Ge.1:3; 2:18

II. **C'est le livre des origines :**
   1. L'origine de l'homme et de la famille. Ge.2:18-22
   2. L'origine des nations. Ge.10:1-32
   3. L'origine du péché. Ge. 3:1-6

IV. **C'est le livre des prophéties messianiques**
   1. Jésus, la postérité de la femme, écrasera la tête de Satan à la croix du calvaire. Ge.3:15;

2. Jésus était blessé au talon sur le mont Golgotha. Jn.19:16-18
3. Le Messie viendra de la tribu de Juda, de la lignée de David. Mich.5:1; Mt. 2:1; Lu.1:32
4. Il sera le Messie destiné à souffrir pour nos péchés. Es. 53: 4-7

V. C'est le livre eschatologique
1. Il parle de la fin du monde. 1Jn.2:17
2. La fin de la planète terre. Ap.21:1
3. Le sort final des méchants. Ap.22:15
4. La récompense des justes. Mt.25:34

VI. **Le livre de la vie : conduite, santé, sécurité**
Ps.19:8-11; 119: 105

VII. **Le livre de l'éternité**
Il est paraphé sur terre avec cette expression: «Et Dieu vit que cela était bon» Ge. 1: 12
Il commence avec un mariage, celui d'Adam et d'Eve et s'achève au ciel avec les noces de l'agneau avec l'Eglise. Ge. 3: 18-22; Ap. 21:9

Conclusion
Sachez que le *libera et le Dies ire* du livre religieux ne vous mèneront pas plus loin que la tombe. La Bible, la parole de Dieu vous donne accès au ciel. Venez des maintenant à Jésus pour l'avoir.

Questions

1. Qu'est-ce que la Bible ?
   a. C'est le livre de Dieu. Ge.1 :1
   b. C'est le livre des origines.
   c. C'est le livre des prophéties messianiques.
   d. C'est le livre de la vie.
   e. C'est le livre eschatologique.
   f. C'est le livre de l'éternité.

2. Pourquoi dit-on qu'il est le livre de Dieu ?
   Dieu l'a dit.

3. Pourquoi dit-on qu'elle est le livre des origines
   Il traite de l'origine de l'homme, de la famille, des nations et du péché.

4. Pourquoi dit-on qu'il est le livre de la fin ?
   Il traite de la fin du monde, de la fin de la planète, du sort final des justes et des injustes

5. A quel livre sur terre peut-on le comparer ?
   Il est incomparable.

Leçon 12
La Nativité

Textes pour la préparation : Aggée.2:18-23; Zach.14:9; Mt.1: 12; 16:18; Lu. 1:32; 2:8-15; 5:10b; Jn.6:27; Ro.3:4

Versets à lire en classe : Aggée.2: 18-28

Verset de mémoire : Car un enfant nous est né, un fils nous est donné, et la domination reposera sur son épaule. On l'appellera Admirable, Conseiller, Dieu Puissant, Père Eternel, Prince de la paix. Es.9 :5

Méthodes : Discours, comparaisons, questions

But : La venue de Jésus, une preuve capitale

Introduction
Pourquoi tant de controverses sur la naissance de Jésus Christ? Si quelqu'un est mort c'est qu'il était né, peu en importe la date. Que Dieu soit reconnu pour vrai et tout homme pour menteur! Rom.3:4

I. **La date de sa naissance était prédite.**
Jésus est né le 24 Kisleu ou 18 Décembre dans le calendrier Julien d'après certains docteurs en théologie. C'est la pose de la première pierre de la fondation de l'Eglise. Aggée. 2 :18, 22; Mt.16 :18

II. **Raison historique pour célébrer la Noel le 25 Décembre.**
1. Avant l'avènement de l'empereur Constantin en l'an 313, les païens savaient adorer IRIS, le dieu soleil, le 25 Décembre. A sa conversion, beaucoup de païens ont embrassé le christianisme. Dès lors l'empereur décréta le

25 Décembre pour célébrer la Noel au lieu d'IRIS. C'est une sagesse.

2. Remarquez : A la conversion de Pierre, Jésus n'a pas changé son métier mais son orientation. **Pêcheur de poisson**, désormais tu seras **pêcheur d'hommes**. Lu.5 : 10b
Les chrétiens fêtent la Noel non à partir d'une ordonnance de l'empereur Constantin, mais plutôt pour marquer une date prophétique annoncée par Aggée depuis 600 ans BC.

III. **L'aspect prophétique avec Aggée**
Jésus sera le seul roi de toute la terre.
Aggée. 2 : 22 ; Zach.14 :9
1. Il sera marqué d'un sceau comme symbole de l'autorité royale. Aggée 2 : 23 ; Jn.6 :27
2. Jésus va s'asseoir sur le trône du roi David, son père. Mt.1 :12 ; Lu.1 :32

Conclusion
Jésus était né à Bethléhem en Judée. Est-il né dans votre cœur ?

Questions

1. Quelle est la date prophétique de la venue de Jésus-Christ ?
   Le 24 Kisleu qui correspond à 18 Décembre

2. Prophétiquement, que représente la fondation du temple ? La fondation de l'Eglise.

3. Qu'est-ce-que les païens adoraient avant leur conversion ? Iris, le dieu soleil

4. Qui a changé leur orientation pour la Noel après leur conversion et quand?
   L'empereur Constantin en l'an 313

5. Est-ce pour obéir au décret de l'empereur que les chrétiens célèbrent la Noël?
   Jamais non ! Ils marquent plutôt une date prophétique annoncée par le prophète Aggée.

6. Que dit Aggée sur la royauté de Jésus-Christ ?
   a. Il aura le sceau royal
   b. Il siègera sur le trône de David son père. A la fin, il sera le seul roi sur la terre.

7. Qu'est-ce-que Jésus a fait de Pierre ? Il lui garde le titre de pêcheur mais avec une nouvelle orientation.

Récapitulation des versets

1. Si quelqu'un est en Christ, il est une nouvelle créature. Les choses anciennes sont passées : voici toutes choses sont devenues nouvelles. 2Co.5 :17

2. Pendant qu'ils servaient le Seigneur dans leur ministère et qu'ils jeunaient, le Saint-Esprit dit : mettez-moi à part Barnabas et Saul pour l'œuvre à laquelle je les ai appelés.Ac.13 :2

3. C'est pourquoi je me plais dans les faiblesses, dans les outrages, dans les calamités, dans les persécutions, dans les détresses pour Christ ; car quand je suis faible, c'est alors que je suis fort. 2Co.12 :10

4. Ne savez-vous pas que ceux qui courent dans le stade courent tous, mais qu'un seul remporte le prix ? Courez de manière à le remporter. 1Co.9 :24

5. Ce n'est pas que j'aie déjà remporté le prix, ou que j'aie déjà atteint la perfection ; mais je cours pour tâcher de le saisir. Ph.3 :12a

6. Ce n'est pas que j'aie déjà remporté le prix, ou que j'aie déjà atteint la perfection mais je cours pour tâcher de le saisir, puisque moi aussi, j'ai été saisi par Jésus-Christ. Ph.3 :12

7. Frères, je ne pense pas l'avoir saisi ; mais je fais une chose : oubliant ce qui est en arrière et me portant vers ce qui est en avant, je cours vers le but. Ph.3 :13-14a

8. Frères, je ne pense pas l'avoir saisi ; mais je fais une chose : oubliant ce qui est en arrière et me portant vers ce qui est en avant, je cours vers le but pour remporter le prix de la vocation céleste en Jésus-Christ. Ph.3 :13-14

9. Soyez donc parfaits comme votre Père céleste est parfait. Mt. 5 :48

10. Eloigne de moi le bruit de tes cantiques ; je n'écoute pas le son de tes luths. Amos. 5 : 23

11. Ta parole est une lampe à mes pieds et une lumière sur mon sentier. Ps.119 :105

12. Car un enfant nous est né, un fils nous est donné, et la domination reposera sur son épaule. On l'appellera Admirable, Conseiller, Dieu Puissant, Père Eternel, Prince de la paix. Es.9 :5

Feuille d'évaluation

1. Quelle est votre impression générale de cette série ?_____
_____
_____
_____

2. Qu'est-ce-qui vous en a le plus marqué ?
_____
_____
_____

3. Quel engagement voulez-vous prendre à partir d'aujourd'hui pour servir le Seigneur?_____
_____
_____
_____

Table des matières

La Torche Brulante 15-Série 1 — 1
Mort pour les péchés non pour les excuses (suite) 4
Avant-propos 5
Leçon 1 Les propres justes 6
Leçon 2 Excuse des gnostiques 9
Leçon 3 Excuses des gnostiques (suite) 12
Leçon 4 Les sceptiques 15
Leçon 5 Les sceptiques (suite) 18
Leçon 6 Les légalistes 21
Leçon 7 Les viveurs 24
Leçon 8 Les hommes charnels 27
Leçon 9 Les récalcitrants 30
Leçon 10 Les indifférents 33
Leçon 11 Les fatalistes 36
Leçon 12 Les faux raisonnements 39
Récapitulation des versets 42
Feuille d'évaluation 44
Torche Brulante 15-Série 2 45
La Grâce, une faveur imméritée 45
Avant-propos 46
Leçon 1 La Grâce, une faveur imméritée de Dieu 47

Leçon 2 Les implications de la Grâce 50

Leçon 3 Les effets de la grâce 53

Leçon 4 L'accomplissement de la Grâce 56

Leçon 5 Les dimensions de la Grâce 59

Leçon 6 Les bénéfices incalculables de la Grâce 62

Leçon 7 Les dons de Grâce et leur portée 65

Leçon 8 La Grâce, une ration de chaque jour 68

Leçon 9 Les propriétés de la Grâce 71

Leçon 10 Les enseignements de la Grâce 74

Leçon 11 La Grâce et la Loi 77

Leçon 12 La grâce et la miséricorde 80

Récapitulation des versets 83

Feuille d'évaluation 85

Torche 15 Série 3 86

Au milieu des bêtes sauvages 86

Avant-propos 87

Leçon 1 Jésus au milieu des bêtes sauvages 88

Leçon 2 Les bêtes sauvages dans le désert 91

Leçon 3 La manifestation des bêtes sauvages 94

Leçon 4 La personnification des bêtes sauvages 97

Leçon 5 Les bêtes sauvages dans l'arche de Noé .. 100

Leçon 6 La confrontation du Seigneur avec des bêtes sauvages 103

Leçon 7 Les bêtes sauvages dans nos Eglises 106

Leçon 8 Comment traiter avec ces bêtes sauvages 108

Leçon 9 La résistance humaine devant les bêtes sauvages 111

Leçon 10 Comment tuer les bêtes sauvages ? 114

Leçon 11 Le rôle des anges face aux bêtes sauvages 117

Leçon 12 L'apôtre Paul et les bêtes sauvages 119

Récapitulation des versets 122

Feuille d'évaluation 124

Tome 15-Série 4 125

Vers la perfection 125

Avant-propos 126

Leçon 1 Préliminaires à la course 127

Leçon 2 Entrainement à la course 130

Leçon 3 Poids lourd à la limite 133

Leçon 4 Médaille d'or de la course 136

Leçon 5 Première Discipline de la course (1) 139

Leçon 6 Deuxième discipline 142

Leçon 7 La montée vers la perfection 144

Leçon 8 Les dernières marches vers la perfection . 147

Leçon 9 Reformation 150

Leçon 10 Thanksgiving 153

Leçon 11 Fête de la Bible : 156

Leçon 12 La Nativité 159

Récapitulation des versets 162

Feuille d'évaluation 164

Rev. Renaut Pierre-Louis

Esquisse biographique

Pasteur de l'Eglise Baptiste à Saint Raphael. 1969
Diplômé du Séminaire Théologique Baptiste
d'Haiti, 1970
Diplômé de l'Ecole de Commerce Julien
Craan, 1972
Professeur de langues vivantes au Collège
Pratique du Nord au Cap-Haitien 1972
Première Eglise Baptiste au Cap-Haitien, 1972
Pasteur de l'Eglise Redford, Cité Sainte
Philomène, 1976
Diplômé de l'Ecole de Droit du
Cap-Haitien, 1979
Fondateur du Collège Redford et de l'Ecole
Professionnelle ESVOTEC, 1980
Pasteur militant depuis 48 ans, avocat, poète, écrivain, dramaturge, ce serviteur du Seigneur vous revient aujourd'hui avec « La Torche Consumante », un ouvrage didactique, de haute portée théologique qui a déjà révolutionné le système d'enseignement dans nos Ecoles du Dimanche et dans la présentation du message de l'Evangile.

Encore une fois, pasteurs de recherche, prédicateurs de réveil, moniteurs de carrière, chrétiens éveillés, prenez « La Torche » et passez-la. 2Tim.2 :2

Jeux bibliques :

(1) Devinez qui je suis :
1. Je n'ai pas de clinique, mais je guéris tous les malades
2. Je ne suis pas un universitaire, mais nul ne peut me dépasser dans la connaissance.
3. Je pleure pour mes amis, mais jamais pour moi
4. Je ne suis pas oculiste, mais je donne la vue aux aveugles.
5. Je suis innocent, j'endosse la cause des coupables.
6. On me hait hier, aujourd'hui, on me cherche pour m'aimer.
7. Je n'écris aucun livre. Je remplis le monde de mes ouvrages.
8. Le livre c'est moi-même.

Qui suis-je ?

(2) Devinez qui je suis
1. Je suis un homme.
2. Je suis dans le Nouveau Testament.
3. Je suis né de père juif.
4. Je parle 4 langues.
5. Je suis un citoyen d'une grande ville.
6. Je persécutais l'Eglise de Jésus-Christ.
7. J'applaudis même à la lapidation d'un serviteur de Dieu.
8. Jésus-Christ m'a renversé de mon cheval.
9. Il fallait un serviteur de Jésus pour m'ouvrir les yeux.
10. J'ai prêché aux rois, aux païens.
11. On m'a battu plusieurs fois.
12. J'ai écrit plusieurs livres.

Qui suis-je ?

www.ingramcontent.com/pod-product-compliance
Lightning Source LLC
Chambersburg PA
CBHW071624080526
44588CB00010B/1266